Lesebuch 4

erarbeitet von
Katharina Berg, Gerburg Kirsch, Heike Oberstadt,
Claudia Stiebritz, Monika Wilhelmi-Zäh

westermann

Inhaltsverzeichnis

Streithähne und Friedenstauben

Meine zweimal geplatzte Haut

Ich könnte platzen.
Aus allen Nähten könnte ich platzen
vor Wut.
Meine Hände zittern.
5 Meine Stimme bebt.
Meine Haut tut mir weh von so viel Wut.
Ich fühle mich krank in meiner Haut,
weil du so bös zu mir warst.

Ich könnte platzen.
10 Aus allen Nähten könnte ich platzen
vor Lust.
Meine Hände winken.
Meine Stimme lacht.
Mein Bauch gluckert von so viel Lust.
15 Ich fühle mich wohl in meiner Haut,
weil du so lieb zu mir warst.

Hanna Hanisch

Leonie ist verknallt

Nach der Pause setzt Leonie sich an ihren Platz und guckt ins Lesebuch.
Herr Wegener hat ihr eine Strafarbeit aufgebrummt: Ich soll mich auf dem
Schulhof nicht prügeln. Doch die Strafarbeit ist Leonie egal. Schlimm ist,
was Christian gerufen hat. Auch wenn es stimmt. Dass sie in Florian verliebt
5 ist, geht die anderen gar nichts an.
Antonia setzt sich neben Leonie und fragt leise: „Stimmt es?"
Leonie antwortet nicht. Antonia lässt nicht locker. „Sag doch!"
„Nein!", zischt Leonie.
„Das glaub ich nicht", sagt Antonia.
10 „Dann glaub doch, was du willst!"
Leonie stellt ihr Lesebuch zwischen sich und Antonia auf den Tisch. Das
macht sie immer, wenn sie nicht gestört werden will. Antonia ist beleidigt und
schmollt. Auch das ist Leonie egal. Zurzeit ist ihr sehr viel egal. Nur Florian
nicht. Und der kommt eben ins Klassenzimmer gehumpelt. Vor Leonies Tisch
15 zögert er kurz, schaut sie an – und humpelt weiter.
Dieser Blick war anders als sonst. So hat Florian sie noch nie angeschaut.
Nicht wie eine Mitschülerin, sondern wie ein Mädchen. Der kurze Blick macht
es in Leonie warm und bubberig.
„Jetzt hab ich's gesehen", flüstert Antonia. „Er ist in dich verknallt."
20 Obwohl Leonie das gern hört, sagt sie nichts. Sie will jetzt nicht reden,
sie will mit ihren Gedanken allein sein.
„Leonie, du bist nicht bei der Sache", tadelt Frau Schröder sie.
„Deine Gedanken sind ganz woanders." Richtig, würde Leonie am liebsten
sagen. Frau Schröder fährt mit dem Unterricht fort. Leonie setzt ihr
25 aufmerksames Gesicht auf. In Wirklichkeit ist Leonie jedoch mit ihren
Gedanken wieder bei Florian. Er ist süß, der süßeste Junge in der ganzen
Schule. Und wie er mich vorhin angeguckt hat. Ich schreibe ihm einen Brief
und frage ihn, ob er mich mag.

Heute ist Leonie froh, als die Flötenstunde zu Ende ist. Auf dem Heimweg
30 sieht sie Florian mit einem Mädchen aus der Bäckerei kommen. Sie spürt einen
heftigen Stich in der Brust. Sie kennt das Mädchen an Florians Seite nicht.
Wer ist denn die? Fragt sich Leonie. In sicherem Abstand verfolgt sie die
beiden. Die scheinen sich gut zu verstehen. Es dauert nicht lange, dann stehen

sie vor Florians Haus. Und beide gehen hinein. Leonie lehnt wie benommen
35 an einem Baum. Sie kann gar nicht glauben, was sie eben gesehen hat.
Aber sie hat es gesehen. Mit ihren eigenen Augen. Also stimmt es. Leonie
schleicht davon. Sie greift in die Jackentasche, da spürt sie den Brief, den sie
für Florian geschrieben hat. Leonie zerreißt den Brief in viele kleine Schnipsel.
Leonie rennt bis nach Hause. Ihr Herz hämmert, ihr Kopf glüht. Zu Hause
schließt sie sich in ihr Zimmer ein und heult.
40 Am nächsten Morgen lacht Florian Leonie zweimal an. Und er schenkt ihr in
der großen Pause einen Kaugummi. Jetzt weiß Leonie gar nicht mehr, was sie
denken soll. Florian kann doch nicht so nett zu ihr sein, wenn er mit einer
anderen geht. Jetzt muss Leonie darüber reden. Sie erzählt ihren Freundinnen,
was sie gestern gesehen hat.
45 Als die Pause zu Ende ist und die Schüler ins Schulhaus drängen, macht sich
Maren an Moritz ran. „Weißt du, was für ein Mädchen gestern bei Flori war?"
„Kein so hübsches wie du", antwortet Moritz.
„Hä?" Maren bleibt stehen und guckt Moritz mit großen Augen an.
„Das war seine Kusine", sagt Moritz.
50 „He, wollt ihr hier übernachten!", meckert ein Junge und drängelt sich
zwischen Moritz und Maren hindurch. Maren hält Ausschau nach Leonie.
Sie ist mit Antonia weiter hinten und Maren muss gegen den Schülerstrom
schwimmen, um zu ihr zu kommen.
„Er hat gesagt, ich sei hübsch", platzt Maren heraus.
55 Leonie möchte wissen, ob er sonst nichts gesagt hat. Maren gibt ihr einen
liebevollen Knuff in die Seite. „Das Mädchen ist nur Floris Kusine."
„Wirklich?" Leonie strahlt Maren an. Sie hat sich also
ganz umsonst verrückt gemacht.
Florian geht gar nicht mit einer anderen.
60 Leonie will Florian einen Brief schreiben.
Nicht erst, wenn sie zu Hause ist.
Nein, in der Zeichenstunde. Und das tut sie auch.
Damit Frau Schröder nichts merkt, schreibt Leonie
nur das Wichtigste.
65 Frau Schröder spricht gerade mit Hasan. Da steht
Leonie auf und geht nach hinten zu ihrem Fach.
Im Vorbeigehen steckt sie Florian den Brief heimlich zu.
In der kleinen Pause legt Florian sein Lesebuch

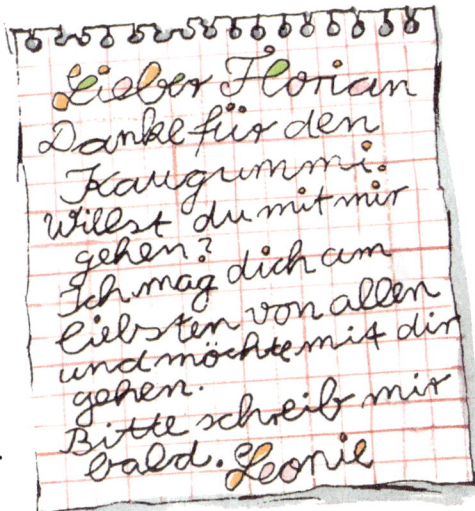

Lieber Florian
Danke für den
Kaugummi.
Willst du mit mir
gehen?
Ich mag dich am
liebsten von allen
und möchte mit dir
gehen.
Bitte schreib mir
bald. Leonie

vor Leonie auf den Tisch und geht wortlos weiter. Leonie schaut ihm verdutzt
70 hinterher. Was soll sie denn mit seinem Lesebuch? Sie nimmt es und blättert
darin. Dabei rutscht ein Stück Papier heraus und fällt zu Boden. Es ist Florians
Antwort. Leonie bückt sich und liest unter der Bank:

Kurz vor halb vier fährt Leonie zum Schwimmbad.
Florian ist schon da. „Hallo!", sagt er zur Begrüßung.
75 „Hallo", sagt auch Leonie. Dann gucken sie etwas
hilflos in die Gegend. Beide wissen nicht, was sie jetzt
tun sollen. „Sollen wir da reingehen?", fragt Florian
nach einer Weile. Leonie nickt.
Florian stellt sich ganz dicht neben sie. Dabei berühren
80 sich ihre Hände. Beide lassen die Hand, wo sie ist,
und rühren sich nicht; beide schauen in das
leere Schwimmbecken, als gäbe es dort etwas sehr
Interessantes zu sehen.
Florian greift in die Tasche und holt ein
85 Päckchen Kaugummi heraus. „Magst du?" Leonie nickt.
„Stimmt es, was du in dem Brief geschrieben hast?"
Wieder nickt Leonie.
„Und du?", fragt sie. – „Was?" – „Magst du mich auch?"
Jetzt nickt Florian. „Und was müssen wir tun, wenn wir miteinander gehen
90 wollen?", fragt er.
Nach einer kleinen Pause fügt er leise hinzu: „Müssen wir uns jetzt küssen?"
„Ich glaube schon", antwortet Leonie.
Sie macht einen kleinen Schritt auf Florian zu. Er macht auch einen kleinen
Schritt. Jetzt sind ihre Köpfe so dicht beisammen, dass sich ihre Nasen fast
95 berühren. Ein letztes Zögern noch, dann drücken sie ihre Lippen aufeinander.
Nur ganz kurz.
„Jetzt sind wir richtig Verliebte", sagt Leonie.
Florian zieht einen Kaugummi aus dem Päckchen und gibt ihn Leonie.
Sie bedankt sich, schiebt den Kaugummi aber nicht in den Mund,
100 sondern in die Tasche.
„Magst du den nicht?"
„Doch, aber … aber ich …", stottert Leonie,
„… ich möchte jetzt keinen Kaugummigeschmack im Mund."
„Ich auch nicht", sagt Florian.

Manfred Mai

Ob ich ihr sag, dass ich sie mag … – Ein schüchternes Liebeslied

Ich mag wie sie lacht
und wie sie schaut.
Was sie auch macht,
was sie auch tut,
5 ich seh sie an
und mir geht es gut.
Ob ich ihr sag,
dass ich sie mag?

Ich möchte laut singen,
10 ich möchte laut pfeifen,
möchte hoch oben
nach Sternen greifen.
Wär es nicht schön,
zusammen zu sein?
15 Wär es nicht schön,
mit ihr zu gehen?
Ob ich ihr sag,
dass ich sie mag?

Ich möchte laut singen,
20 möchte vor Freude
am liebsten zerspringen.
Wohin ich schau:
Die Welt steht Kopf –
alles ist neu.
25 Ob ich ihr sag,
dass ich sie mag?

Ich mag wie sie lacht
und wie sie schaut,
was sie auch macht,
30 was sie auch tut.
Sie sieht mich an
und ich fühl mich gut.
Wär es nicht schön,
mit ihr zu gehen?
35 Sie sieht mich an
Und ich fühl mich gut.

Ob ich ihr sag,
dass ich sie mag?

Christine von dem Knesebeck

Diese SMS
ist ein Gutschein
für unsere Freundschaft.
Einlösbar: ab sofort!
Gültig: für immer!
LG
Dein Peter

Dû bist mîn, ich bin dîn.
des solt dû gewis sîn.
dû bist beslozzen
in mînem herzen;
verlorn ist daz sluzzelîn:
dû muost ouch immer darinne sîn.

Tegernseer Briefsammlung, 12. Jh.

Nicht mit Timo

Die Tür des Klassenzimmers flog auf. Ein Junge von großer, kräftiger Statur preschte herein, gefolgt von Frau Dr. Elkenbach, der Schulleiterin.

„Ich bringe einen neuen Schüler", erklärte sie. Timo zuckte zusammen. Ausgerechnet der sollte in diese Klasse? Der Riesenkerl?

5 Auch in Frau Völkers Gesicht arbeitete es. Timo konnte genau sehen, wie sie herunterschluckte, was sie vermutlich am liebsten gesagt hätte: Nicht noch ein neuer Schüler! In der Klasse sind doch schon über dreißig Kinder! Aber natürlich konnte sie das nicht sagen, jedenfalls nicht vor einem Kind, das gerade neu in die Klasse gekommen war. Also sagte sie nur „Aha" und

10 „Schön" und dann „Wie heißt du denn?"

„Artur", brüllte der Grinser los.

„Artuuuuro", rief plötzlich jemand von hinten in den Raum. Alle fingen an zu kichern. Artur stellte sich in Pose, als würde er auf einer Bühne stehen, vor sich lauter Bewunderer.

15 „Cool, der Typ", flüsterte Timo Basti zu. „Ein Angeber, aber …"
Er suchte nach einem passenden Wort, fand aber keines außer „cool".
Dann verließ Frau Dr. Elkenbach das Klassenzimmer. Artur verbeugte sich hinter ihr übertrieben tief und wieder mit einem breiten Grinsen im Gesicht.

20 „Arrivederci, scema mucca", sagte er leise. Giovanna in der letzten Reihe presste ihre Hand auf den Mund und Marco prustete vor Lachen.
Frau Völker wurde ungeduldig: „Was hast du eben gesagt, als Frau Dr. Elkenbach aus der Klasse ging?"
Artur antwortete nicht. Er blickte sich um, als suche er einen freien Platz.

25 „Du hast mir noch nicht geantwortet", sagte sie. „Hier in der Klasse sprechen wir deutsch."
„Kannst du übersetzen, was Artur gesagt hat?"
Marco ahnte, dass Frau Völker jetzt ihn fragen würde, denn seine Mutter war Italienerin. Timo bemerkte, dass Artur plötzlich ganz angespannt

30 dastand, als wollte er Marco das Signal geben, bloß die Klappe zu halten.
„Ich glaube …", stotterte Marco, „ich glaube, mucca heißt Kuh …"
Timo sah, wie Artur seine rechte Hand zu einer Faust ballte. In Marcos Gesicht zuckte es.
„Ich glaube", stotterte er weiter, „es hieß blöde Kuh."

35 Frau Völker sagte: „Schimpfwörter sind in dieser Klasse tabu. Ganz besonders, wenn sie in einer anderen Sprache ..." Das schrille Klingeln des Pausenzeichens unterbrach ihre begonnene Standpauke.

In der Pause mühte Timo sich mal wieder mit dem ewig klemmenden Reißverschluss seines Anoraks ab. Mona stand ein bisschen verloren vor der
40 langen Reihe der Kleiderhaken. Ab und zu schob jemand sie beiseite, um an Mantel oder Jacke heranzukommen. Sie schien ihre Jacke nicht zu finden. Auch Giovanna und Özlem und einige andere Mädchen liefen suchend herum. Timo hatte endlich den Reißverschluss zugezogen. Als er einen Schritt nach hinten machte, um Frau Völker vorbeizulassen, stieß er
45 versehentlich gegen Arturs Arm. Dabei rutschte die Flasche, aus der Artur gerade trank, aus seinem Mund, und die klebrige Cola ergoss sich über sein Sweatshirt. Bevor Timo sich entschuldigen konnte, hatte Artur schon zugeschlagen.
„Idiot!", brüllte er.
50 Sein Schlag traf Timo in den Magen. Am liebsten hätte er sofort zurückge-boxt, aber etwas hielt ihn davon ab.
Artur war viel größer und vermutlich auch viel stärker als er. Außerdem wäre Zurückschlagen ein Signal, das Timo keineswegs geben wollte.
Dieser Neue hatte ja etwas – er war irgendwie interessant. Timo war
55 überhaupt noch nicht sicher, ob er eher Freund sein wollte mit Artur oder ob die leichte Abwehr siegen würde, die er gegen ihn verspürte. Auf jeden Fall musste er auf der Hut sein. Und auf jeden Fall wollte er so einen wie Artur nicht zum Feind haben.
„Blödmann", sagte er deshalb nur. Artur grinste ihn an.
60 „Reflex", meinte er und zog die Schultern hoch, als könne er nichts dafür. „Passiert automatisch, wenn mich jemand anrempelt."
Bei den letzten Worten blickte er nicht mehr Timo an, sondern Marco. Er beobachtete ihn ganz offen. Marco versuchte, Arturs Blick auszuweichen, und ging in einiger Entfernung um ihn herum, anders gelangte er nicht
65 an die Treppe. Als er sich direkt hinter Artur befand, trat dieser plötzlich zurück. Voller Schwung tat er das – und landete plötzlich mit der ganzen Kraft seines Gewichtes auf Marcos Fuß.
Marco schrie auf. Es sollte aussehen, als wäre es ohne Absicht passiert, aber jedem war klar, dass dies Arturs Rache für Marcos „Verrat" von vorhin war.

70 Marco schrie immer noch und versuchte, seinen Fuß unter Arturs Stiefel wegzuziehen.

„Scusa", rief Artur, als sei er untröstlich.

„Du weißt ja, was das heißt. Kannst doch gut italienisch …"

Er rührte sich immer noch nicht von der Stelle.

75 „Los! Sag, was es heißt!" Er drückte seinen Stiefel unerbittlich auf Marcos Fuß. Marco kämpfte mit sich.

„Es heißt Entschuldigung", stieß er dann hervor.

„Wie bitte?" Artur hielt die rechte Hand hinters Ohr.

„Lauter! Alle sollen es hören!"

80 Marco liefen die Tränen über die Wangen. Er presste sich ein etwas lauteres „Entschuldigung" ab.

Da ließ Artur ihn endlich frei und er humpelte schnell zur Treppe.

Die Mädchen hatten aufgehört, ihre Jacken zu suchen, und zugeschaut.

Auch Timo, Basti und einige andere Jungen standen und guckten, aber

85 keiner sagte etwas. Timo fühlte sich ziemlich mies.

„Was glotzt ihr?", fragte Artur, „war doch nett von mir, die Entschuldigung anzunehmen von diesem … diesem …" Er suchte nach einem passenden Ausdruck.

Da fand Timo endlich seine Sprache wieder.

90 „Das ist Marco", sagte er ruhig, obwohl er sich überhaupt nicht ruhig fühlte und auch noch gar nicht wusste, was er eigentlich sagen wollte.

„Du warst ziemlich unfair", hörte er sich sagen. „Genau genommen warst du widerlich."

Timo schluckte und meinte den nächsten Schlag in die Magengegend zu

95 bekommen. Doch nichts geschah. In Arturs Gesicht rührte sich nichts.

Er drehte sich einfach um und ging zur Treppe.

„Cool", hörte Timo Basti neben sich.

„Wer?", fragte er, „Der da etwa?" Er zeigte in Richtung Treppe.

Basti schüttelte den Kopf und grinste Timo an.

100 „Nein, du bist cool. Aber total!"

Timo wickelte sich den Schal um und fand, dass Basti nicht ganz unrecht hatte. Aber das konnte er ja schlecht sagen.

Giovanna lief an ihm vorbei, die Jacke über dem Arm.

„Der spinnt doch, der Neue."

Regina Rusch

Wunder kann man nicht bestellen

Wir haben Streit, Mimun, Caro und ich. Ich finde es ganz logisch, dass ich sauer auf sie bin. Und meine Mutter findet das auch. Denn ich hab mit meinen eigenen Augen gesehen, wie Caro und Mimun sich im Park geküsst haben. Das muss man sich mal vorstellen:

5 Meine beste Freundin knutscht mit *meinem* Freund! Aber Walter – ich meine der Lehrer – denkt ganz anders darüber als meine Mutter.
Heute Morgen ist er mit einem Gesicht wie sieben Tage Regenwetter in die Klasse gekommen.
„Jetzt hört mir mal gut zu", sagte er. „Mimun, Caro und Polleke, mir

10 reicht's. So ein Theater will ich in meiner Klasse nicht haben.
Könnt ihr mit der Streiterei nicht endlich aufhören? Ihr seid schon wie die Erwachsenen! Bah!"
Ich wagte den Lehrer nicht anzugucken. Also guckte ich zu Consuelo, die neben mir sitzt.

15 „Und?", fragte der Lehrer, „wer will etwas sagen? Du, Polleke?"
Ich wurde rot und schüttelte den Kopf.
„Caro?" Schweigen.
„Mimun?" Schweigen.
„Consuelo? Fällt dir vielleicht etwas ein?"

20 „Ja", sagte Consuelo.
Ich war verblüfft. Was hatte Consuelo mit unserem Streit zu tun?
„Was denn?", fragte der Lehrer.
„Wie vertragen", sagte Consuelo. Sie machte noch Fehler beim Sprechen, aber die höre ich meistens nicht mehr.

25 „Wie denn?", fragte der Lehrer. Consuelo guckte dumm aus der Wäsche.
Dann schüttelte sie den Kopf.
„Na komm schon, Consuelo", sagte der Lehrer ungeduldig. „Wir haben nicht den ganzen Tag Zeit."
„Ist Geheimnis", sagte Consuelo.

30 Da guckte der Lehrer dumm aus der Wäsche.
„Aha", sagte er. „Sie müssen doch keinen seltsamen Trank trinken, oder?
Ich meine, ich finde es in Ordnung, wenn du es auf mexikanische Art machst. Hauptsache, ich hab kein Theater damit."
„Bestimmt nicht", sagte Consuelo.

35 „Gut", sagte der Lehrer, „habt ihr drei das gehört? Nach der Schule geht

ihr mit Consuelo Frieden schließen, sonst fliegt ihr einer nach dem
anderen von der Schule."
Die anderen Kinder lachten, aber wir nicht.

„Kommt mit", sagte Consuelo nach der Schule.
40 Brav gingen wir mit Consuelo ein paar Straßen entlang. Ich hatte schon
seit Wochen nicht mehr mit Caro gesprochen und nur ganz selten mit
Mimun. Es war seltsam, nebeneinander herzugehen. Wir sagten nichts.
Das war nicht schön. Ich war froh, dass Consuelo dabei war, sonst hätte
ich das unangenehme Schweigen nicht ausgehalten.
45 Consuelo führte uns in einen kleinen Park.
„So", sagte sie. „Hier machen wir es."
Wir standen auf einem Spielplatz. Der Wind wehte uns durchs Haar.
„Polleke in die Mitte", sagte Consuelo. Sie schob uns drei nebeneinander
und stellte sich vor uns. „Ich bringe euch jetzt einen Spruch bei.
50 Hört gut zu."
Es war ein merkwürdiger Spruch, den ich noch nie gehört hatte.
Aber schwierig war er nicht. Als wir ihn auswendig gelernt hatten,
sagte Consuelo: „Jetzt müsst ihr euch ein Haar ausreißen."
„Was?", fragte Caro.
55 „Ein Haar ausreißen, du Dummkopf", brummte ich.
„Das tut doch weh!", rief Caro.
Typisch Caro. Ogottogott. Das tut weh! Alberne Gans.
„Soll ich dir ein paar ausreißen?", fragte ich hilfsbereit.
„Nein danke", sagte Caro.
60 „Es muss wehtun", sagte Consuelo.
„Wir sind hier nicht zum ... äh ..."
Sie kam nicht auf das Wort.
„Vergnügen?", fragte Mimun.
„Also los. Reißt ein Haar aus,
65 aber gut festhalten."
Wir rissen uns alle drei
ein Haar aus.

Ich hielt meins zwischen Daumen und Zeigefinger.

„Ich sehe nichts", sagte Caro. Sie beugte sich über meine Hand.

70 „Ich glaub, du hast dir gar kein Haar ausgerissen. Du tust nur so, als ob."

Ich hielt mir das Haar vor die Augen und sah es glänzen, aber es war fast unsichtbar, weil ich so blond bin.

„Du hast wohl Hühnerdreck in den Augen", sagte ich zu Caro.

„Ich zähle bis drei und dann werft ihr die Haar in die Luft", sagte Consuelo.

75 „Das Haar", sagte Mimun. „Es heißt *das* Haar."

„Sei nicht so kindisch", fuhr ich ihn an.

„Eins, zwei, DREI!", rief Consuelo.

Wir warfen die Haare hoch. Sie waren sofort verschwunden.

Dann kam der Spruch:

80   Consuelo: „Wohin weht das Haar?"

        Wir: „Mit dem Wind davon."

        Consuelo: „Wohin weht der Wind?"

        Wir: „Zum Meer."

        Consuelo: „Dann ist jetzt kein Krieg mehr, sondern Frieden."

85 Wir sahen uns an. Dann sah ich zu Consuelo. Sie lächelte so lieb, dass mir schwummerig wurde.

„Frieden?", fragte sie.

Ich merkte, wie die ganze Wut aus meinem Kopf geschwummert wurde. Ich nickte.

90 „Gut", sagte Consuelo. „Dann gehen wir zurück, Polleke in die Mitte. Und ihr geht Hand in Hand. Ich gucken, denkt dran."

Da gingen wir. Caros Hand war kalt und steif, aber Mimuns Hand fühlte sich sofort so an wie früher.

95 Als wir fast in unserer Straße waren, wurde er nervös.

„Jetzt muss ich nach Hause", sagte er.

„Gut, dann geh", sagte Consuelo. Ich ließ seine Hand los.

„Bis morgen", sagte er.

Als wir bei Caros Haus angekommen waren, war ihre Hand

100 warm. Es ist Frieden, aber ob wir wieder richtige Freundinnen werden, weiß ich nicht. Vielleicht müssen wir uns noch ganz viele Haare ausreißen.

Guus Kuijer

Drahtesel und Benzinkutsche

Früher mussten die Menschen ohne technische Fortbewegungsmittel auskommen.
Doch für uns ist ein Alltag ohne Fahrzeuge nicht mehr vorstellbar.
Über viele Jahrhunderte hat sich die Bandbreite der Fahrzeuge entwickelt, mit der wir heute selbstverständlich leben.

Mitte des 4. Jahrtausends v. Chr.: erste Funde von Karren bzw. Wagendarstellungen, darunter auch **zweiachsige Wagen** (sie waren aus Holz)

2. Jahrtausend v. Chr.: Erfindung der **Speiche**, die für Streitwagen genutzt wurde

Mittelalter: die ersten **Schienen**, Menschen oder Pferde zogen die Wagen auf den Schienen

1783: das älteste Luftfahrzeug der Menschheit hebt ab, der **Heißluftballon**

1817: die **Draisine**, eine Urform des heutigen Fahrrads und Motorrads wird erfunden

1825: erstmalig fährt
eine Eisenbahn zwischen
zwei Städten,
die **Dampflokomotive**

1885: das erste **Motorrad,**
es fuhr 12 km/h

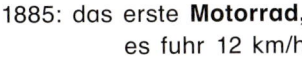

1886: Carl Benz meldet
sein **Benzinauto** mit
Verbrennungsmotor
zum Patent an

1945: erste Passagierflugzeuge
gab es schon 1919, doch die
Stahlflugzeuge (Düsenflugzeuge)
wurden erst ab jetzt für die nicht-
militärische Personenluftfahrt
entwickelt, ab 1962 kommen sie
regelmäßig zum Einsatz

1981: bemannte **Raumfähre**,
die Columbia war die erste weltraum-
taugliche Raumfähre

In Deutschland angemeldete Autos (PKW)

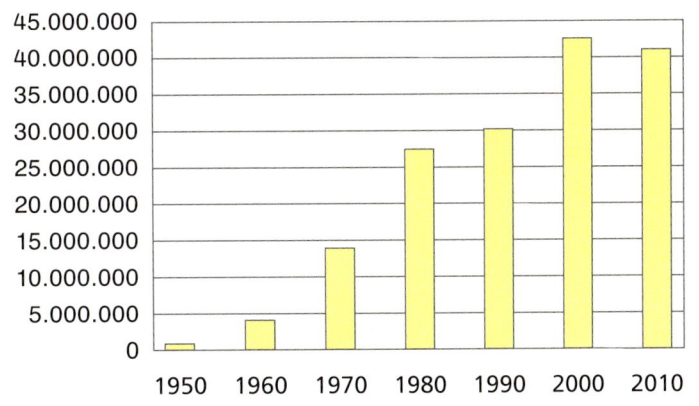

angemeldete Autos

1950: 539.853
1960: 4.489.407
1970: 13.941.079
1980: 23.191.616
1990: 30.684.811
2000: 42.839.906
2010: 41.737.627

Quelle:
Kraftfahrzeugbundesamt
(www.kba.de)

Das Fahrrad-Geheimnis

Anette:

*Meine Freundin Ela und ich machen einen Rundgang durch
unsere Siedlung.*

In der Bergstraße ist Sperrmülltag. Sperrmüll ist manchmal aufregend.

5 Wenn man zwischen dem ganzen Gerümpel mal was richtig Tolles findet.
Aber heute stehen da nur wacklige Stühle, ein Tisch mit abgebrochenem
Bein, eine kaputte Lampe und noch mehr nutzloser Kram.
Vor dem Haus, in dem Cora wohnt, steht ein blaues Sofa ohne Armlehne.
Das sieht schon ziemlich vergammelt aus, aber wir sind nicht wählerisch

10 und lassen uns draufplumpsen. Das Sofa antwortet mit einer Staubwolke.
Wir ruhen noch einen Moment aus, dann rappeln wir uns auf. Auf dem
Steiner Platz kommt uns ein Radfahrer entgegen. Der geht auch
in unsere Klasse. Außerdem wohnt er ganz in unserer Nähe.
Im Wohnblock gegenüber. Von unserem Küchenfenster aus

15 kann man seine Haustür beobachten. Besser gesagt: Man könnte
seine Haustür beobachten, wenn man Lust dazu hätte.
Aber wer hat das schon? Daniel ist ein Langweiler mit schlechten
Manieren. Doch seine Nachbarn kann man sich leider nicht aussuchen.
„Mann, was für ein cooles Rad!", ruft Ela begeistert. Sie rennt Daniel

20 entgegen. Der rast voll auf sie zu. Erst im allerletzten Moment springt er
ab. Fast hätte er Ela über den Haufen gefahren. Ein rücksichtsloser Typ.
Anstatt sich zu entschuldigen, meckert er noch rum. „Blöde Kuh!
Kannst du nicht aufpassen?" Als ob Ela an dem Fast-Unfall Schuld wäre.
„Lass den doch", sage ich und will Ela weiterziehen.

25 Aber die will unbedingt das Rad anschauen.
Das ist allerdings wirklich toll: kirschrot, mit Tachometer.
Die Gangschaltung hat einundzwanzig Gänge,
wenn ich mich nicht täusche. Das Rad sieht teuer aus.
Irgendwie passt es nicht richtig zu Daniel.

30 „Ist das dein Rad?", fragt Ela.
Daniel verdreht die Augen und wird ganz pampig.
„Natürlich ist das mein Rad. Wem soll es denn sonst gehören?"
Dabei hat Ela doch nur mal gefragt. Ich komme ihr zur Hilfe.
„Na ja, weil wir es eben noch nie bei dir gesehen haben, deshalb."

„Na und?" Daniel wird jetzt richtig laut. „Mein Vater hat es mir gerade erst geschenkt. Überhaupt, was geht euch das an?"

Ela überhört seine Unverschämtheiten. „Dürfen wir auf dem Heimweg mal fahren?", fragt sie.

„Ich fahre nicht heim. Ich habe nämlich noch was vor. Ohne euch."

40 Er wendet und braust davon, als ob er auf der Flucht wäre.

„Klar wollte der nur heim", sagt Ela ärgerlich.

„Der will uns nur nicht fahren lassen."

Wir gehen nach Hause. Zu Fuß. Was bleibt uns anderes übrig?

„So ein Rad", schwärmt Ela unterwegs.

45 „Mensch, wenn ich so ein Rad hätte!"

Daniel:

Das Rad fährt astrein. Bremsen, Gangschaltung, alles perfekt.

Unglaublich, was die Leute wegwerfen. Dass man so ein tolles Rad beim Sperrmüll finden kann! Aber genau da hat es gestanden. Beim Sperrmüll

50 in der Bergstraße.

Normalerweise gehe ich dort gar nicht lang. Aber heute hat Mama mich zur Frau Weber geschickt. Der sollte ich einen Versandhauskatalog zurückbringen. Auf dem Rückweg bin ich durch die Bergstraße gelaufen.

Dort stand das Gerümpel meterhoch rechts und links am Straßenrand.

55 Lauter alter Plunder, habe ich gedacht.

Doch dann habe ich das Rad entdeckt. Neben einem blauen Schrottsofa.

Ein Traum von einem Fahrrad! Ein bisschen dreckig vielleicht.

Aber deshalb wirft man es doch nicht gleich weg. Ich habe einmal mit dem Ärmel drüberpoliert, schon hat es wieder geglänzt.

60 Merkwürdigerweise war das Fahrrad abgeschlossen. Verrückt eigentlich.

Jemand will sein Rad wegwerfen und schließt es extra noch ab.

Aber wer so ein Rad wegwirft, ist sowieso verrückt.

Egal, das Schloss war kein Hindernis. Ruckzuck habe ich es geknackt.

Mit Schlössern kenne ich mich aus. Außerdem war dieses hier ein ganz

65 billiges, ein Witz von einem Fahrradschloss. Hat gar nicht zu dem Rad gepasst. Für mich war das natürlich gut. Ein Handgriff, schon konnte ich losfahren. Jetzt brauche ich dringend ein besseres Schloss.

Leider bin ich gerade mal wieder pleite. Vielleicht wünsche ich mir eins zum Geburtstag.

70 Das Rad ist einfach toll. Aber ehe ich die beiden Schwatzbacken getroffen habe, war es irgendwie noch toller. Was heißt überhaupt getroffen? Diese Ela ist mir direkt ins Rad gelaufen. Und wenn die Bremsen nicht Spitze wären, hätten wir beide jetzt alle Knochen gebrochen.

Wie sie versucht haben, mich über das Rad auszuquetschen! Warum

75 habe ich nur gesagt, das Rad ist ein Geschenk von meinem Vater? Ich hätte doch ruhig erzählen können, wie es wirklich war.

Vom Sperrmüll darf man sich holen, was man will: Sofas, Lampen und auch Fahrräder, wenn welche da stehen. Aber die Mädchen haben mich mit ihrer Fragerei ganz durcheinander gebracht.

80 Hoffentlich habe ich mit meiner Lüge keinen Fehler gemacht. Eigentlich wollte ich das Rad in unseren Keller stellen. Da gehört es doch auch hin. Schließlich gehört es jetzt mir. Aber plötzlich habe ich so ein komisches Gefühl im Bauch. Ich glaube, ich lasse das Rad erst mal für eine Weile verschwinden. So lange, bis mein Bauch wieder Ruhe gibt.

85 **Anette:**

Am nächsten Tag treffen wir Cora in der Klopause auf dem Flur. Cora winkt uns zu sich heran. „Könnt ihr ein Geheimnis für euch behalten?" Was für eine Frage! Das kann niemand besser als wir. Wir nicken eifrig. Cora senkt die Stimme. Wir müssen ganz nahe heran, damit wir etwas

90 verstehen. Fast stoßen unsere drei Nasen zusammen. „Gestern ist Rebekkas Fahrrad geklaut worden."

Wir finden, dass Rebekka eine angeberische Ziege ist, die sich gerne mit Lügengeschichten wichtig macht.

„Interessiert uns nicht", sage ich deshalb und will Ela weiterziehen.

95 Aber die bleibt stehen wie ein störrischer Esel. „Interessiert uns doch!" Darüber ist Cora hocherfreut. Sie muss die Geschichte erzählen, sonst platzt sie.

„Rebekka war gestern mit ihrem Fahrrad bei mir. Sie hat es vor dem Haus abgestellt. Und als sie am Abend heimwollte, war das Rad weg."

100 „Wie sah das Rad denn aus?", forscht Ela.

„Ziemlich neu. Rot. Kirschrot, würde ich sagen. Einundzwanzig Gänge. Alle Schikanen."

Was? Bei dieser Beschreibung fällt mir was auf.

„Aber ..., aber genauso ..."

Sinah Erler will Lokführerin werden

Sinah Erler (22) will Lokführerin werden. Das ist so ziemlich der berühmteste Wunschberuf kleiner Jungen, aber Sinah ist eine Frau, und
5 ihr Wunschberuf war es auch nicht: „Nein, ich habe als Zehnjährige nicht davon geträumt, eines Tages eine Lokomotive zu steuern. Es gefällt mir trotzdem."

10 So eine Lok fahre sich natürlich ganz anders als ein Auto, sagt Sinah Erler: „Anfangs war ich überrascht, wie lang der Bremsweg ist." Trotz der riesenhaften Dimensionen müsse der Gigant
15 mit viel Gefühl gefahren werden. Ein vollbeladener Güterzug – 700 Meter lang, 1500 Tonnen schwer – darf nicht abrupt beschleunigt oder abgebremst werden, sonst kommen die Wagen ge-
20 fährlich ins Schlenkern. Zudem muss der Lokführer die Bedeutung aller Baken, Signale und Ampeln im Bahnhofsbereich kennen und wissen, wann wo welche Ausnahmen gelten. Für Sinah
25 Erler kein Problem: Die Ausbildung zur Lokführerin bildet den Abschluss ihrer Lehre als Rangierbegleiterin, sie muss das Cockpit regelmäßig verlassen und Waggons ankuppeln. Manchmal bleibt
30 sie gleich auf den Gleisen stehen und bewegt die 300 Meter entfernte Lok per Fernfunksteuerung.

Wer Lokführer werden wolle, müsse vor allem Koordinations- und Kon-
35 zentrationsfähigkeit mitbringen, berichtet Ausbilder Krautwurst. Viele Bewerber würden beim Eignungstest daran scheitern, sich dreieinhalb Stunden lang in die ihnen gestellten
40 Aufgaben vertiefen zu müssen: „Das muss ein Lokführer aber können. Er muss stets hellwach sein."

Bis zur Abschlussprüfung im Herbst fährt Sinah Erler stets unter Aufsicht
45 eines erfahrenen Lokführers. Anschließend hat sie die Möglichkeit, in den Fernverkehr zu wechseln und sich zur ICE-Lokführerin weiterzubilden. Mädchen wie Sinah seien ge-
50 nauso von Technik begeistert wie junge Kerle, hat Krautwurst festgestellt. Und Lokführer, das sei doch nach wie vor ein Wunsch-, ein Traumberuf: „Lokführer fahren aus Passion. Sie fin-
55 den Erfüllung in diesem Beruf."

Hubertus Heuel

Ein Feuerwehrwagen, die Kurzhosengang und ganz viel Schnee

Mein Name ist Rudolpho. Meine Freunde Snickers, Island, Zement und ich wurden während des Sportunterrichts mit unserer Klasse durch einen Schneesturm eingeschneit. Todesmutig machten wir uns von der Turnhalle aus in unseren Sportsachen auf den Weg ins Dorf, um Hilfe zu holen.

„Ich kann nicht mehr", sagte Snickers und plumpste vor
der Feuerwehreinfahrt in den Schnee. „Ich glaube, wir
müssen ganz schnell was machen, sonst frieren wir ein",
sagte er und guckte auf seine blauen Finger. Und wie er

5 so guckte, guckten wir alle auf unsere blauen Finger und fragten uns, was als
Nächstes passieren würde. Würden unsere Augen fest und starr werden und
wie Eiswürfel aus unserem Gesicht kullern? Oder würden wir das gar nicht
mehr merken, sondern irgendwann in tausend Jahren aufgetaut werden,
um als Reisende aus der Vergangenheit gefeiert zu werden?

10 „Ich geh mal in die Garage", sagte Zement und ging auf die
Garage der Feuerwehr zu. Er zog das große Tor auf und ging rein.
„Die Garage ist offen", rief ich.
„Ich glaub's ja nicht!", rief Island.
Wir rannten Zement hinterher. Endlich Ruhe und kein Sturm

15 und kein Wind und warm war es auch noch. Nur Zement sahen wir nicht.
„Zement?"
Ein Hupen erklang. Zement winkte uns aus einem der
drei Feuerwehrwagen, die wie polierte Münzen glänzten.
„Der Feuerwehrwagen hilft uns nicht", sagte Snickers und suchte

20 nach dem Telefon. Er fand es an einer Wand, hob den Hörer ab
und lauschte. „Tot", sagte er und legte wieder auf.
„Der Feuerwehrwagen hilft uns vielleicht doch", sagte ich
und stieg zu Zement in die Fahrerkabine.
Jetzt glaubt ihr vielleicht, ich hätte schon mal bei meinem Vater auf

25 dem Schoß gesessen und wäre mit dem Auto durch die Landschaft gefahren.
Falsch. Mein Vater besitzt nicht mal ein Auto. Aber wir haben mal ein Seifen-
kistenrennen gemacht, und ich dachte mir, wie anders konnte das denn sein.
Es war sehr anders. Ich kam nicht mal an die Pedale ran.
„Ich mach das schon", sagte Zement und kroch runter.

30 In Zeitlupe fuhren wir aus der Garage raus und wurden sofort vom Wind
durchgeschüttelt. Der Scheibenwischer war viel zu schwach für den Schnee.
Snickers hängte den Kopf aus dem Beifahrerfenster und rief mir zu, wohin ich
lenken sollte. Ohne Snickers wäre ich sofort gegen eins der Häuser gefahren.

Island saß am Schaltknüppel und bewegte ihn auf und ab, wie es ihm in den
35 Kopf kam, während ich mit geschlossenen Augen lenkte. Ich hatte so eine Angst,
in die falsche Richtung zu fahren, dass ich die Augen lieber geschlossen hielt.
„JETZT NACH LINKS!", rief Snickers. Und ich lenkte nach links.
„Jetzt Gas geben!", rief Snickers.
Zement gab natürlich erst mal kein Gas, also trat ich ihm
40 in den Hintern. Zement rief „AU!", und drückte das Gaspedal durch.
„KUPPELN!"
Zement drückte die Kupplung. Island haute den Schaltknüppel
in alle möglichen Richtungen, dass er ihn beinahe abbrach.
Das Feuerwehrauto zuckte wie ein wildes Pferd. Manchmal hatte ich

45 das Gefühl, wir fuhren im Kreis, manchmal war ich mir sicher,
dass wir überhaupt nicht fuhren, sondern wie ein Schlitten dahinglitten.
„JETZT EINFACH GERADEAUS!", rief Snickers.
Und ich umklammerte das Lenkrad, presste die Augen fest zusammen und
versuchte den Feuerwehrwagen auf geradeaus zu halten.
50 „GERADEAUS HABE ICH GESAGT!", rief Snickers.
Wir rasten dahin, wir keuchten laut und uns war so heiß, als würden wir
direkt unter einer Höhensonne sitzen. Und als dann Snickers „HALT!" rief, trat
ich Zement in den Hintern, und Zement rief „AU!", und drückte die Bremse,
und ich nahm die Hände vom Lenkrad und hielt sie in die Luft, als würde
55 mich jemand mit der Pistole bedrohen.
„Wieso HALT?", fragte Zement von unten.
„Ja, wieso HALT?", fragte auch Island und ließ den Schaltknüppel nicht los.
„Ja, wieso?", fragte ich.
„Weil wir da sind", sagte Snickers und sprang aus dem Beifahrerfenster mitten
60 in den Schneesturm hinein. Der Rest ging schnell. Wir rasten in die Turnhalle
und verfrachteten alle in das Feuerwehrauto. Ein paar Arme und Beine hingen
aus den Fenstern, ansonsten passte es genau. Fragt mich nicht, wie wir es geschafft haben, wieder in die Garage der Feuerwehr zu fahren.
Irgendwann standen wir unter dem Dach, die Türen öffneten sich und
65 alle fielen aus der Fahrerkabine und tanzten vor Freude auf und ab.
„Ihr seid Helden!" – „Helden", riefen alle.
„Wir sind keine Helden", sagte Zement. „Wir sind die Kurzhosengang
und wir sind müde."

Victor Caspak, Yves Lanois

*Mehr über die Kurzhosengang
kannst du im gleichnamigen
Buch nachlesen.*

Lesemops und Bücherwurm

Der Deutsche Kinder- und Jugendliteraturpreis

Mit dem Deutschen Kinder- und Jugendliteraturpreis werden seit 1956 jährlich herausragende Buchwerke vom Staat ausgezeichnet. Kinder und Jugendliche sollen dadurch zur Begegnung und Auseinander-
5 setzung mit Literatur angeregt werden.
Wer den Preis gewinnt, entscheidet die Kritikerjury. Vergeben wird der Preis in den vier verschiedenen Bereichen:
Bilderbuch, Kinderbuch, Jugendbuch und
10 Sachbuch.
Durch die Preisverleihung soll die Entwicklung der Kinder- und Jugendliteratur gefördert werden. Seit 1996 erhalten die Preisträger neben der Preissumme auch eine Skulptur: die Momo.

15 Momo ist die Heldin aus Michael Endes gleichnamigem Kinderbuch, das 1973 erschienen ist. Das kleine Mädchen mit der Schildkröte hat die besondere Fähigkeit, anderen geduldig zuzuhören, sie schenkt ihnen Zeit und Aufmerksamkeit, das bringt ihr die Feindschaft der „Grauen Herren" ein.
20 Momo nimmt den Kampf auf und besiegt mit Hilfe der Schildkröte Kassiopeia ihre Gegner.
Momo erhielt 1974 den Deutschen Jugendliteraturpreis und wurde in über 40 Sprachen übersetzt. Sie ist in Island genauso bekannt wie in Japan oder am
25 Kap der Guten Hoffnung. Diese Internationalität zeichnet auch den Deutschen Jugendliteraturpreis aus, mit dem neben deutschen Originalausgaben seit 1956 auch ins Deutsche übersetzte Bücher aus aller Welt prämiert werden.

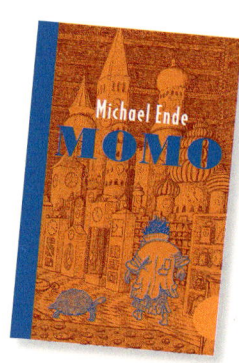

Die Jurys

Die Jurys prüfen die Bücher aus der Produktion des Vorjahres und nominieren – das bedeutet vorschlagen – davon bis zu sechs Titel pro Bereich.

Die Nominierungsliste wird auf der Leipziger Buchmesse
5 verkündet. Die Kritikerjury besteht aus neun erwachsenen Personen, einem Vorsitzenden und acht Juroren, von denen je zwei Fachleute der Bereiche Bilderbuch, Kinderbuch, Jugendbuch und Sachbuch sind. In drei über das Jahr verteilten Jurysitzungen werden die
10 ausgewählten Buchtitel gesichtet, die Nominierungen bestimmt und die Siegertitel gewählt. Alle Mitglieder der Jury haben gleiches Stimmrecht für alle Bereiche. Die Ergebnisse der Wahl werden bis zur Bekanntgabe bei der Preisverleihung auf der Frankfurter Buchmesse
15 geheim gehalten.

Zusätzlich zur Kritikerjury gibt es die Jugendjury. Dies ist eine Gruppe von ca. 100 Jugendlichen, die eine eigene Nominierungsliste erstellen und einen Preis vergeben. Sie besteht aus sechs über die Bundesrepublik verteilten
20 Leseclubs und vergibt ihren Preis nur für den Bereich Jugendbuch. Dabei ist sie unabhängig von der Kritikerjury, das heißt, die Jugendlichen können auch ein ganz anderes Buch auswählen und prämieren.

Die jeweils aktuellen Nominierungen der Jurys stehen
25 auf der Internetseite www.djlp.jugendliteratur.org. Rechts siehst du, wer im Jahr 2010 in den verschiedenen Kategorien gewonnen hat.

Bilderbuch

Kinderbuch

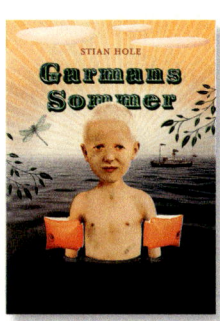

Jugendbuch

Sachbuch

Autorenporträt „Kate DiCamillo"

Die Welt ist dunkel, und Licht ist kostbar.
Komm näher, lieber Leser. Du musst mir glauben.
Ich werde dir eine Geschichte erzählen.

Kate DiCamillo wurde in Pennsylvania in den USA geboren und lebte als Kind
in einer Kleinstadt in Florida. Heute wohnt sie in Minnesota und schreibt
Bücher für Erwachsene und Kinder. Kate DiCamillo sagt von sich, sie sei kurz und
laut, hasse es zu kochen und liebe es zu essen. Sie lebt allein und hat keine
5 Kinder, aber dafür drei Nichten und Neffen. Ihre Freizeit verbringt sie mit ihren
vielen Freunden und ihrem Hund Henry. Sie findet, dass sie sehr glücklich dran ist,
denn Geschichtenerzählen ist ihr Leben.
Auch Kate DiCamillo hat schon Bücher geschrieben, die bei dem Deutschen
Jugendliteraturpreis in die engere Wahl kamen. Lies selbst …

Despereaux – Von einem, der auszog, das Fürchten zu verlernen
Ein fantastisches Märchen von Liebe und Licht, Furcht und
Finsternis. Als der gänzlich unmäusische Mäuserich Despereaux
sich in die liebliche Menschenprinzessin Erbse verliebt, nimmt
das Unheil seinen Lauf. Für sein Verhalten wird er ins Verlies
– zu den Ratten – verbannt. Doch dort trifft er nicht etwa auf
den Tod, sondern auf einen Gleichgesinnten …
Nominiert für den Deutschen Jugendliteraturpreis 2005

Und ganz neu: Der Elefant des Magiers
Als auf dem Marktplatz von Balta plötzlich das Zelt einer Wahr-
sagerin steht, fühlt sich der Waisenjunge Peter sofort magisch
angezogen. Er weiß, welche Fragen er stellen muss: Ist seine
Schwester noch am Leben? Und wenn ja, wie kann er sie finden?
Die geheimnisvolle Antwort der Wahrsagerin lautet: „Du musst dem
Elefanten folgen. Er wird dich zu ihr führen." Fortan nimmt eine
Kette von Ereignissen ihren Lauf, die so unglaublich, so einzigartig
sind, dass man es kaum glauben kann …
Erschienen 2010

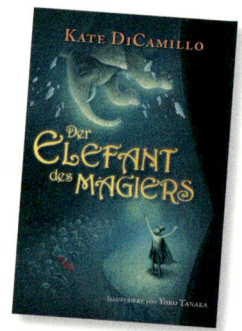

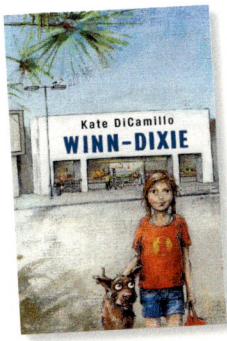

Winn-Dixie

Eines Tages geht die 10-jährige India Opal Buloni in den Supermarkt, um eine Packung Makkaroni zu kaufen, und kommt mit einem Hund zurück. Winn-Dixie nennt sie den Streuner. Der ist zwar keine Schönheit, sondern groß, dünn und riecht etwas streng – aber er lächelt! Und dieses Lächeln verändert Opals Welt …

Nominiert für den Deutschen Jugendliteraturpreis 2002

Winn-Dixie

Ich heiße India Opal Buloni und letzten Sommer schickte mich mein
Vater, der Prediger, in den Supermarkt, um eine Packung Makkaroni
mit Käsesauce, etwas Reis und zwei Tomaten zu kaufen.
Zurück kam ich mit einem Hund.

5 Und das kam so:
Ich ging in die Gemüseabteilung von Winn-Dixies Supermarkt, um die
beiden Tomaten auszusuchen, und fuhr mit meinem Wagen um ein Haar
in den Filialleiter rein. Der stand da mit rotem Gesicht, schrie und
fuchtelte mit den Armen.

10 „Wer hat den Hund reingelassen?", rief er immer wieder. „Wer hat diesen
dreckigen Hund reingelassen?"
Zuerst hab ich gar keinen Hund gesehen. Nur jede Menge Gemüse, das
über den Boden rollte. Tomaten und Zwiebeln und grüne Paprikaschoten.
Und Heerscharen von Winn-Dixie-Angestellten, die herumrannten und

15 mit den Armen fuchtelten wie ihr Filialleiter.
Dann kam der Hund um die Ecke geschossen. Er war groß. Und hässlich.
Und er sah aus, als machte ihm das alles großen Spaß. Die Zunge hing
ihm aus dem Maul und er wedelte mit dem Schwanz. Schleudernd kam
er zum Stehen und lächelte mich an. Ich hatte noch nie in meinem

20 Leben einen Hund lächeln sehen, aber genau das tat er. Er zog seine
Lippen zurück und zeigte all seine Zähne.
Dann wedelte er so heftig mit dem Schwanz, dass er ein paar Orangen
von einem Ständer fegte, die in alle Richtungen rollten, zusammen mit
den Zwiebeln, den Tomaten und den grünen Paprikaschoten.

25 Der Filialleiter schrie: „So halte doch einer den Hund fest!"

Der Hund lief zu dem Filialleiter hin, wedelte mit dem Schwanz und lächelte. Dann stellte er sich auf die Hinterbeine. Es sah aus, als ob er dem Filialleiter von Angesicht zu Angesicht für den Spaß danken wollte, den er in der Gemüseabteilung gehabt hatte, aber irgendwie warf er dabei
30 den Filialleiter um. Und der musste einen ziemlich schlechten Tag gehabt haben, denn als er am Boden lag, so vor allen Leuten, fing er an zu weinen. Der Hund beugte sich ganz besorgt über ihn und leckte ihm das Gesicht ab.

„Bitte", flehte der Filialleiter. „Es muss einer den Hundefänger holen."
35 „Halt!", rief ich. „Nicht den Hundefänger! Das ist mein Hund!"
Alle Winn-Dixie-Angestellten drehten sich zu mir um und starrten mich an. Mir war klar, ich hatte etwas Unglaubliches getan, vielleicht auch etwas Dummes. Aber ich konnte nicht anders. Ich konnte nicht zulassen, dass dieser Hund eingefangen wurde.
40 „Bei Fuß, Junge", sagte ich.
Der Hund hörte auf, dem Filialleiter das Gesicht abzulecken, spitzte die Ohren und sah mich an, als versuchte er sich zu erinnern, woher er mich kannte.
„Bei Fuß, Junge", wiederholte ich. Und dann fiel mir ein, dass der Hund
45 – genau wie jeder Mensch – vielleicht gern bei seinem Namen gerufen werden wollte. Nur dass ich seinen Namen nicht wusste. Also sagte ich das Erste, was mir einfiel. Ich sagte: „Bei Fuß, Winn-Dixie."

Und der Hund trottete zu mir herüber, als ob er sein Leben lang nichts anderes getan hätte.

50 Der Filialleiter setzte sich auf und sah mich böse an. Wahrscheinlich dachte er, ich wollte ihn veräppeln.

„So heißt er", sagte ich. „Ehrlich."

Der Filialleiter sagte: „Weißt du nicht, dass Hunde im Supermarkt verboten sind?"

55 „Doch, Sir", sagte ich. „Er ist aus Versehen hier reingekommen. Tut mir leid. Es wird nicht wieder vorkommen. Komm, Winn-Dixie", sagte ich zu dem Hund.

Ich ging los und er folgte mir den ganzen Weg aus der Gemüseabteilung, vorbei an den Müsli- und Cornflakesregalen und durch die Kassen zur

60 Tür hinaus.

Als wir draußen in Sicherheit waren, schaute ich ihn mir genauer an. Er sah wirklich nicht gut aus. Er war groß, aber mager, seine Rippen staken hervor. Und überall hatte er kahle Stellen im Fell. Im Großen und Ganzen sah er aus wie ein alter brauner Teppich, den man im Regen

65 draußen vergessen hatte.

„Du siehst ja richtig schlimm aus", sagte ich ihm. „Ich wette, du gehörst zu niemandem."

Er lächelte mich an. Er machte das genau wie vorhin, indem er die Lippen zurückrollte und mir seine Zähne zeigte.

70 Er lächelte so doll, dass er niesen musste. So als ob er sagen wollte: „Ich weiß, dass ich schlimm aussehe. Ist das nicht saukomisch?"

In einen Hund, der Sinn für Humor hat, muss man sich ganz einfach verlieben.

„Komm mit", sagte ich. „Schauen wir mal, was der Prediger zu dir

75 meint."

Und dann gingen wir beide, Winn-Dixie und ich, nach Hause.

In dem Sommer, in dem ich Winn-Dixie fand, waren der Prediger und ich gerade nach Naomi in Florida gezogen, denn mein Daddy war der neue Prediger an der Open-Arms-Baptistenkirche von Naomi geworden.

80 Mein Vater ist ein guter Prediger und ein netter Mensch, aber manchmal fällt es mir schwer, an ihn als meinen Daddy zu denken, weil er so viel Zeit damit verbringt, zu predigen oder über eine Predigt nachzudenken oder sich auf eine Predigt vorzubereiten. Und so denke ich an ihn immer nur als den Prediger.

85 Bevor ich auf die Welt kam, war er Missionar in Indien und daher habe ich
meinen ersten Namen, aber er nennt mich bei meinem zweiten Namen Opal,
denn das war der Name seiner Mutter, die er sehr geliebt hat.
Wie auch immer, während Winn-Dixie und ich nach Hause gingen,
erzählte ich ihm, wie ich zu meinem Namen gekommen war und

90 warum wir gerade nach Naomi gezogen waren. Ich erzählte ihm auch
vom Prediger und dass er ein guter Mensch sei, auch wenn er viel zu sehr
mit Predigten und Gebeten und Menschen, die Hilfe brauchten,
beschäftigt war, um einkaufen zu gehen.
„Aber weißt du was?", sagte ich zu Winn-Dixie. „Du bist ein Hund,

95 der Hilfe braucht – vielleicht nimmt er dich gleich auf. Vielleicht erlaubt er
mir, dass ich dich behalte."
Winn-Dixie schaute mich an und wedelte mit dem Schwanz. Er hinkte
ein wenig, mit einem seiner Beine war wohl etwas nicht in Ordnung.
Und ich muss zugeben, er stank. Ziemlich schlimm sogar. Er war ein

100 hässlicher Hund, aber ich liebte ihn bereits von ganzem Herzen.
Der Prediger saß im Wohnzimmer an einem kleinen Klapptisch und
arbeitete. Um ihn herum lagen Papiere verstreut und er rieb sich
die Nase, was bedeutete, dass er nachdachte. Angestrengt nachdachte.
„Daddy?", begann ich. – „Hmmm", erwiderte er.

105 „Daddy, erinnerst du dich, dass du mir immer gesagt hast, wir sollten
denen helfen, die es nicht so gut haben wie wir?"
„Hmmm-hmmm", machte er. Er rieb sich die Nase und sah in seine Papiere.
„Nun ja", sagte ich, „ich habe im Supermarkt so jemanden gefunden."
„Stimmt das?", fragte er.

110 „Ja, Sir", sagte ich. Ich schaute ihn ganz fest an dabei.
Manchmal erinnerte mich der Prediger an eine Schildkröte, die sich
in ihrem Panzer verkrochen hatte, dort drinnen über alles Mögliche
nachdachte und nie ihren Kopf in die Welt hinausstreckte.
„Daddy, könnte dieser Jemand, der es nicht so gut hat wie wir,

115 vielleicht ein Weilchen bei uns bleiben?"
Endlich sah der Prediger zu mir auf. „Opal", sagte er. „Wovon sprichst du?"
„Ich habe einen Hund gefunden", sagte ich. „Und ich möchte ihn behalten."
„Keine Hunde", sagte der Prediger. „Darüber haben wir doch gesprochen.
Du brauchst keinen Hund."

120 „Ich weiß", sagte ich. „Ich weiß, dass ich keinen Hund brauche.
Aber dieser Hund braucht mich. Schau …"

Ich ging an die Tür des Wohnwagens und rief: „Winn-Dixie!"

Winn-Dixies Ohren schossen steil in die Höhe und er grinste und nieste.

Dann humpelte er die Stufen hoch, kam in den Wohnwagen und legte

125   seinen Kopf dem Prediger in den Schoß, genau auf einen Papierstapel
drauf.

Der Prediger schaute sich Winn-Dixie an. Er sah seine vorstehenden
Rippen, das verfilzte Fell, die kahlen Stellen. Er rümpfte die Nase.

Wie ich schon sagte, der Hund roch ziemlich schlecht. Winn-Dixie blickte

130   zu dem Prediger hoch, zog seine Lippen zurück und zeigte ihm all seine
schiefen gelben Zähne. Er wedelte mit dem Schwanz und fegte einige
der Papiere vom Tisch. Dann nieste er und noch mehr Papiere flatterten
zu Boden.

„Wie hast du den Hund genannt?", fragte der Prediger ruhig.

135   „Winn-Dixie", flüsterte ich. Ich wagte nicht, laut zu sprechen.

Ich spürte, dass Winn-Dixie einen guten Einfluss auf den Prediger hatte.

Er hatte erreicht, dass er seinen Kopf aus dem Panzer streckte.

„Ein Streuner", sagte der Prediger. „Wenn das nicht ein Streuner ist,
wie er im Buche steht!"

140   Er legte seinen Stift hin und kraulte Winn-Dixie hinter den Ohren.

„Und kein sehr glücklicher. Das ist mal sicher. Suchst du ein Zuhause?",
sagte der Prediger ganz lieb zu Winn-Dixie.

Winn-Dixie wedelte mit dem Schwanz.

„Nun", sagte der Prediger. „Ich glaube du hast eins gefunden."

Kate DiCamillo

Winn-Dixie ist so toll geschrieben, dass ich von Anfang an ganz viele Bilder im Kopf hatte. Es war fast so, als wäre ich mittendrin zwischen India Opal, dem Prediger und all den anderen. Den zotteligen Winn-Dixie, der sogar lächeln kann, schloss ich sofort in mein Herz. Ich habe India Opal fast ein bisschen um diesen tollen Freund beneidet!

Als Winn-Dixie nach einem schweren Gewitter dann plötzlich verschwand, war ich genauso trau-rig wie sie und hätte am liebsten beim Suchen geholfen.

Das Einzige, was mir an dem Buch nicht gefällt, ist, dass die Geschichte nach 139 Seiten zu Ende geht. So muss es sein, wenn man in eine andere Stadt zieht und alle Freunde zurücklässt. India Opal war einfach nicht mehr da …

Winn-Dixie ist ein Buch zum Mitfiebern und ein Buch über echte Freundschaften! Das müsst ihr lesen!   *Dina (11 Jahre)*

Despereaux –
Von einem, der auszog, das Fürchten zu verlernen

Seine Schwester Merlot nahm Despereaux mit in die Schlossbibliothek,
wo das Licht durch große, hohe Fenster fiel und sich auf dem Boden
in hellen gelben Flecken ergoss.
„Komm her und folge mir, klitzekleiner Bruder", sagte Merlot.
5 „Ich unterweise dich in den Feinheiten des Papierzernagens."
Merlot lief an einem Stuhl hinauf, von dort sprang sie auf ein Pult,
auf dem ein riesiges aufgeschlagenes Buch lag.
„Hier entlang, klitzekleiner Bruder", sagte sie, als sie auf die Seiten
des Buches krabbelte.
10 Und Despereaux folgte ihr auf den Stuhl, von da auf das Pult,
von da auf das Buch.
„Nun denn", sagte Merlot. „Dieser Leim hier ist sehr würzig und
die Papierecken sind knusprig und lecker, sieh her." Sie knabberte
an der Ecke der Seite und schaute dann Despereaux an.
15 „Nun versuche du es", sagte sie. „Zuerst ein wenig Leim und
danach etwas von der Papierkruste. Diese Schnörkel hier
sind auch sehr schmackhaft."
Despereaux sah auf das Buch und etwas Bemerkenswertes geschah.
Die Zeichen auf der Seite, die „Schnörkel", wie Merlot sie nannte,
20 bildeten Formen, die Formen bildeten Wörter und die Wörter
bildeten den köstlichen und wundervollen Satz: Es war einmal.
„Es war einmal", flüsterte Despereaux.
„Was?", sagte Merlot. – „Nichts."
„Iss", sagte Merlot.
25 „Das kann ich auf keinen Fall", sagte Despereaux
und wich von dem Buch zurück.
„Warum nicht?"
„Es würde die Geschichte zerstören", sagte Despereaux.
„Die Geschichte? Was für eine Geschichte?"
30 Merlot starrte ihn an. An einem ihrer Schnurrhaare
zitterte entrüstet ein Fetzchen Papier.
„Es stimmt, was Pa bei deiner Geburt gesagt hat.
Irgendetwas stimmt nicht mit dir."

Sie drehte sich um und huschte
35 aus der Bibliothek, um ihren Eltern
von dieser neuen Enttäuschung
zu berichten. Despereaux wartete,
bis sie fort war, dann streckte er
eine Pfote aus und berührte
40 die wunderbaren Worte.
Es war einmal.
Er zitterte. Er nieste.
Er schnäuzte sich in sein Taschentuch.
„Es war einmal", sagte er laut,
45 ganz berauscht vom Klang der Worte.
Und dann, indem er jedes Wort
mit seiner Pfote nachzeichnete,
las er die Geschichte von der schönen Prinzessin
und dem tapferen Ritter, der sie verehrte und ihr zu Diensten war.
50 Despereaux wusste es noch nicht, aber schon sehr bald
würde auch er tapfer sein müssen.

Kate DiCamillo

Das Buch **Despereaux — von einem, der aus-zog, das Fürchten zu verlernen** klang erst mal nicht so spannend. Aber ich fand die kleine Maus auf dem Buchcover ganz witzig, sodass ich dann doch neugierig wurde.
Der Anfang des Buches ist sehr traurig. Die ganze Mäusefamilie ist richtig gemein zu Despereaux und schickt ihn — nur weil er sich nicht wie normale Mäuse verhält — in das Verlies.
Es war aber einfach grandios, wie er sich aus diesem dunklen und gruseligen Kellerloch befreit hat. Ich habe richtig mit ihm mitgezittert. Und dann geht er sogar freiwillig noch einmal dort hinunter und befreit die Prinzessin.
Nicht so gut fand ich, dass er in die Prinzessin verliebt ist. Das ist nur was für Mädchen. Er hät-te die Prinzessin ja trotzdem befreien können!
Die Geschichte der kleinen Maus ist wirklich un-glaublich! So viel Mut hätte ich nicht gehabt!
Konrad (10 Jahre)

Autorenporträt „Andreas Steinhöfel"

Andreas Steinhöfel wurde am 14. Januar 1962 in Battenberg – das liegt
in Hessen – geboren und wuchs mit zwei Brüdern auf.
Ursprünglich wollte er einmal Lehrer werden, doch heute arbeitet er
als Autor, schreibt Drehbücher und ist als Übersetzer tätig.
5 Sein erstes Buch „Dirk und ich" erschien im Jahr 1991.
Als Drehbuchautor schrieb er zum Beispiel viele Folgen des „Käpt'n Blaubär Club"
sowie mehrere Folgen für die Kinderserien „Urmel aus dem Eis" und „Löwenzahn".

Für sein Buch **Rico, Oskar und die Tieferschatten** erhielt er 2009
den Deutschen Literaturpreis.
Eigentlich soll Rico ja nur ein Ferientagebuch führen. Schwierig genug
für einen, der leicht den roten Faden verliert – oder war er grün oder
blau? Als er dann auch noch Oskar kennenlernt und die beiden dem
berüchtigten Entführer Mister 2000 auf die Spur kommen, geht in
seinem Kopf alles ganz schön durcheinander. Doch zusammen mit
Oskar verlieren sogar die Tieferschatten etwas von ihrem Schrecken.
Es ist der Beginn einer wunderbaren Freundschaft. Lest selbst …

Das Ferientagebuch

Nun habe ich fast den kompletten Sonntag gebraucht, um den Samstag
aufzuschreiben. Das ist okay, ich hatte meine Ruhe, weil Mama den
ganzen Tag schlief. An den Wochenenden bleibt sie noch länger im Club
als sonst. Sie ist erst morgens gegen zehn nach Hause gekommen und
5 sofort ins Bett gefallen. Weshalb sie auch nicht mitgekriegt hat, dass ich
den ganzen Tag am Computer gesessen habe. Falls mein Experiment
schiefgeht, ist sie dann am Schluss wenigstens nicht enttäuscht.
Die Schreiberei ist eine Idee vom Wehmeyer. Das war der Grund dafür,
dass ich am Samstag noch mal bei ihm antanzen sollte, obwohl eigentlich
10 schon Ferien waren. Es ging um einen Aufsatz über den Landwehrkanal,
den ich vor zwei Wochen geschrieben hatte. Der hatte den Wehmeyer
schwer beeindruckt, deshalb wollte er noch mal mit mir darüber reden.

„Deine Rechtschreibung zieht einem zwar die Schuhe aus, Rico", sagte er.
„Aber wie du schreibst, das hat schon was. Du bist ein guter Erzähler …
15 wenn man die längere Abschweifung mal außer Acht lässt. Weißt schon –
die mit der Nordsee."
Der Landwehrkanal fließt praktisch direkt hinter der Dieffe 93 vorbei.
Man kann da prima am Ufer sitzen, unter den schönen Trauerweiden
oder einfach im Gras, zwischen vielen anderen Leuten. Man kann aufs
20 glänzende Wasser gucken oder die darauf paddelnden Schwäne ärgern.
Ab und zu fährt ein Dampfer vorbei mit Touristen, denen kann man
zuwinken. Die winken dann immer so begeistert zurück, als hätten sie
noch nie im Leben einen Jungen an einem Ufer sitzen sehen.
Steht alles drin in dem Aufsatz.

25 Mit den Abschweifungen meinte der Wehmeyer ausgerechnet
meine Lieblingsstelle, als ich mir vorgestellt hatte, wie man sich
als Wasserleiche in so einem Kanal fühlt. Es ist Winter und
man ist gerade ins Eis eingebrochen. Die Strömung trägt einen
unter dem blauschwarzen Eis vom Landwehrkanal in die Spree.
30 Ich hatte mir vorher auf der Deutschlandkarte angeguckt, wie es dann
weitergeht: Die Spree fließt in die Havel und die Havel fließt in die Elbe
und die Elbe fließt in die Nordsee und die Nordsee gehört zum Atlantik.
Man hat also richtig was davon, wenn man im Landwehrkanal ertrinkt,
nämlich eine tolle Reise durch drei Flüsse und am Schluss den Ozean,
35 außer natürlich, man gerät unterwegs in eine Schiffsschraube, die einen
völlig zerrunkelt, das wäre ärgerlich.
Der Wehmeyer guckte ganz listig. „Interessierst du dich für Mister 2000?
Macht dir das Angst, diese Sache mit den Entführungen?"
Es ging also um die zerrunkelte Wasserleiche. Ich schüttelte den Kopf.
40 Beim Schreiben hatte ich an jemand anderen gedacht, nicht an den
ALDI-Entführer, aber das ging den Wehmeyer nichts an.
Er nickte und guckte an die Wand mit den vielen Bildern von seinen
Kindern und seiner Frau und seinem Hund und dem Motorrad,
das längst nicht so schön ist wie das von Berts.
45 „Ich hab mir Folgendes überlegt", sagte er. „Was würdest du davon
halten, so eine Art Tagebuch zu führen? Über deine Erlebnisse in den
Ferien? Was du so denkst, was du so alles machst … Fahrt ihr in Urlaub,
du und deine Mutter?"

„Nein. Ist das 'ne Hausaufgabe?"

50 „Sagen wir mal: Wenn du es wirklich versuchst, erlasse ich dir dafür
nach den Ferien ein paar andere Hausaufgaben."
Das klang gut.
„Wie viel soll denn drinstehen?"
„Sagen wir mal ... ab zehn Seiten bin ich zufrieden.

55 Ab zwanzig gibt's einen Bonus."
„Was ist das?"
„Eine zusätzliche Belohnung."
Das klang noch besser. Trotzdem war mir nicht ganz wohl dabei.
Zwanzig Seiten waren ziemlich viel.

60 „Und die Rechtschreibfehler?", sagte ich misstrauisch.
„Um die mach dir erst mal keine Gedanken. Du hast doch sicher
einen Computer, oder?"
„Mama hat einen. Wegen eBay."
Bei eBay wird Mama nicht nur prima die Plastikhandtaschen vom Bingo

65 los, sondern es gibt dort auch für billig Klamotten und so weiter.
„Hat der ein Textverarbeitungsprogramm mit Korrekturfunktion?"
„Was heißt Korrektur?"
„Verbesserung."

> Verbesserungsfunktion: Ab und zu kriegt man ein Wort erklärt und versteht es dann leider erst recht nicht. Jedenfalls nicht sofort. Zum Beispiel könnte man sich bei Verbesserungsfunktion fragen, warum man was verbessern sollte, obwohl es längst tadellos funktioniert. Und schon ist man reingefallen!

Manchmal bastelt der Wehmeyer extralange

70 Wörter und Sätze zusammen, um uns zu ärgern.
Aber heute würde ich mich nicht ärgern lassen.
Jetzt waren Ferien. Außerdem, das muss ich zugeben,
schmeichelte mir sein Vorschlag ein bisschen. Ein Tagebuch ...
Es dauerte eine Weile, dann hatte ich die vielen Wörter sortiert und

75 verstanden. Als Mama unseren Computer gekauft hat, ist so ein

Textprogramm und anderer Schnickschnack umsonst dabei gewesen. Mama benutzt es ab und zu, um Briefe zu schreiben. Ich nickte.

„Gut", sagte der Wehmeyer. „So ein Programm verbessert deine Fehler nämlich automatisch."

80 Ich war verblüfft. „Echt?"

„Echt. Aber tu mir einen Gefallen und guck dir wenigstens ein paar von den übelsten Fehlern an. Vielleicht lernst du was draus."

Klar, ganz bestimmt!

„Abgemacht?", sagte Wehmeyer.

85 „Abgemacht."

Er grinste und hob eine Hand. „Gib mir fünf."

Ich schob meinen Stuhl zurück, stand auf, sagte schnell Tschüs und ging. Wenn der jetzt auch noch mit Mathe anfing, bekäme ich echt schlechte Laune.

90 Ja, und das war's bis jetzt. Schon über zwanzig Seiten. Ich kann also eine Pause machen. Schreiben ist anstrengend. Aber den zusätzlichen Belohnungsbonus hab ich längst in der Tasche. Der Wehmeyer wird ganz schön Augen machen.

Nur dieses vollautomatische Verbesserungsdings ist nicht so toll. Weiter
95 oben hatte ich ein Wort falsch geschrieben, da stand *Schwene* an Stelle von *Schwäne*. Das Programm hat mir zur Verbesserung folgenden Satz vorgeschlagen: *Man kann aufs glänzende Wasser gucken oder die darauf paddelnden Schweine ärgern.*

Andreas Steinhöfel

Die Hauptfigur in dem Buch ist eigentlich ein Schulkind wie du und ich. Beim Lernen hat Rico manchmal Schwierigkeiten, dafür kann er aber nichts. Manche Menschen können eben nicht so schnell lernen wie andere. Deshalb besucht Rico auch eine besondere Schule.

Dass Rico aber absolut nicht dumm ist, das merkt man schnell.

In seinem Ferientagebuch — für das es nach den Ferien eine Belohnung von seinem Lehrer geben soll — schreibt er alles auf, was er und sein Freund Oskar erleben, als sie dem berüchtigten Kinder-Entführer Mister 2000 — wenn auch zufällig — das Handwerk legen.

Eine spannende Geschichte über einen kleinen Jungen, der allen zeigt, wo es im Leben langgeht!

Aron (11 Jahre)

Wohltäter und Umweltsünder

Großes Getrippel im Südpark
Marien-Grundschüler laufen für neue Ausstattung

SÜD. (mr) So viel Trubel erlebt der Südpark wahrlich nicht alle Tage: Fast 300 Kinder der Marien-Grundschule kurvten im Dauerlauf über
5 die Wege und sammelten mit kleinen Schritten Runde um Runde auf ihrer Laufkarte.
Zum zweiten Mal richtete die Süder Schule einen Sponsorenlauf aus. Das
10 eingenommene Geld soll diesmal Experimentierkästen für den Sachkunde-Unterricht sowie Spielgeräte für eine aktive Pause finanzieren.
Noch wird fleißig gerechnet, wie
15 hoch der Betrag ist. Fest steht jedoch, dass insgesamt 5721 Runden absolviert wurden. Die Erst- und Zweitklässler schafften 3722, die älteren Schüler legten 1999 größere
20 Runden ab. Im vergangenen Jahr kamen beim ersten Sponsorenlauf 8000 Euro zusammen.

„Na, kannste noch?" „Na klar." Auch die Kleinsten der Marien-Grundschule legten sich mächtig ins Zeug und sammelten auf ihrer Laufkarte Strich für Strich.

Sam: Einmal im Jahr veranstaltet unsere Schule einen Flohmarkt. Das eingenommene Geld spenden wir unserer Partnerschule in Südamerika.

Esra: Wir aus dem vierten Schuljahr haben alle ein „Patenkind" aus der ersten Klasse, das wir in den Pausen begleiten und ihm helfen, sich in der Schule zurechtzufinden.

Umwelt

das Wort ist falsch
das Wort ist dumm
als ginge die Welt
um uns herum

5 wir sind jedoch
ein Teil der Welt
was wir auch tun
es fällt
auf uns zurück

10 es fällt auf Ozeane
auf den Schnee
auf Tiere
Pflanzen
nah und fern

15 was wir auch tun
trifft unsern Stern

Walther Petri

Anna: Ich gehe einmal in der Woche
mit meiner Klasse in ein Seniorenheim.
Wir lesen den alten Menschen dort
etwas vor.

Moritz: Beim Schulfest haben alle mitgeholfen.
Wir haben gemeinsam geplant und jede Klasse
war für eine Aktion zuständig.

Die Heuler von Friedrichskoog

Heuler – so werden Seehundbabys genannt, die den Kontakt zu ihrer Mutter verloren haben. Die Seehundstation Friedrichskoog an der Nordsee nimmt solche Jungtiere auf. Erst wenn sie wieder stark genug sind, geht es zurück in die freie Wildbahn.

5 Die ersten Seehundbabys, die in dieser Saison eingeliefert wurden, heißen Max, Moritz und Adele. Jedes von ihnen ist eine Frühgeburt, etwa zwei Wochen vorzeitig zur Welt gekommen. Jetzt müssen die Tiere aufgepäppelt werden.

Ein Seehundjäger hat sie in die Station gebracht. Dieser jagt die Tiere
10 jedoch nicht. Vielmehr ist er für ihren Schutz verantwortlich, betreibt Informations- und Aufklärungsarbeit. Er macht Kontrollfahrten, birgt tote Meerestiere oder tötet kranke und schwache Seehunde. Vor allem aber: Nur er ist berechtigt, einen gefundenen Heuler in die Station zu bringen. Er allein entscheidet, ob das Jungtier stark und gesund genug
15 ist, um aufgezogen zu werden. Jeder Fall wird sorgfältig überprüft, damit kein Tier unnötig in Gefangenschaft gerät.

Wie für viele andere Tierarten auch, ist für Seehunde das größte Problem der Mensch. Wasserverschmutzung, Schiffs- und Flugverkehr, Wattwanderer und nicht zuletzt der Klimawandel stören und zerstören
20 den Lebensraum der sensiblen Meeressäuger. Werden nach der Geburt Mutter und Kind getrennt, muss aber nicht immer der Mensch Schuld sein: Oft gibt es dafür natürliche Ursachen wie etwa Sommerstürme und Gewitter. Weil die Kleinen noch nicht so gute, kräftige Schwimmer sind, gehen sie regelrecht verloren. Auf dem Speiseplan
25 der Heuler stehen Aufzuchtsmilch, Heringe und Haferschleim. Sechsmal am Tag, alle drei Stunden. Wird dieser problemlos vertragen, bekommen die Kleinen schon bald die ersten Fischstückchen: erst Heringsfilet püriert, dann Brei ohne Kopf und später Brei „pur", erst dann folgen Stücke zu futtern. Und wenn es mit dem selbstständigen
30 Fressen gut klappt, stehen dann bereits ganze Fische auf dem Speiseplan. So nehmen die Jungtiere pro Woche zwei bis drei Kilo zu. Zum Auswildern benötigen die Tiere ein Minimalgewicht von 25 Kilogramm.

Warum heißen Heuler eigentlich Heuler?

Die Laute, denen die Seehundbabys ihren Namen zu verdanken haben, klingen wie ein tiefes, heiseres Hupen. Jeder junge Seehund heult, das ist sein Kontaktlaut zur Mutter (wie das Miauen bei Katzen). Am Heulen und am Geruch erkennt die Mutter ihr Jungtier.

Dann macht der Tierarzt eine Abschlussuntersuchung und erteilt ein Gesundheitszeugnis. Nur wirklich gesunde Tiere dürfen in die Freiheit,
35 damit sie andere Wildtiere nicht gefährden oder anstecken.

Seit 1985, als die Station gegründet wurde, wurden fast 500 Heuler dort aufgezogen und anschließend ausgewildert. Aber nicht alle, die kommen, überleben. Einige sterben während der Aufzucht, andere nach ihrer Auswilderung. Meist an Magen-Darm-Erkrankungen.

40 „Das ist der Lauf der Dinge, da kann man nicht viel tun", sagt Stationsleiterin Tanja Rosenberger. Ob Max, Moritz und Adele es schaffen werden, weiß sie nicht.

Aber sie weiß, dass die drei nicht die einzigen Heuler in diesem Sommer bleiben werden: „Die eigentliche Geburtszeit fängt erst im
45 Juni an. Es werden etwa 2000 Geburten erwartet. Wir rechnen auch in diesem Sommer mit bis zu 70 Heulern in unserer Station", erklärt sie. „Und wir erwarten sie mit Freude, Herz und Engagement!"

Seehundstation Friedrichskoog
An der Seeschleuse 4
25718 Friedrichskoog

Das Findelkind vom Watt

Der letzte Tag auf der Insel, dann waren die Ferien vorbei.
Am nächsten Morgen wollten wir mit dem ersten Schiff abreisen.
Der letzte Nachmittag musste also gut ausgenutzt werden.
Meine Zwillingsschwester Delia und ich, Max, nahmen unser Fernglas
5 mit und machten uns auf den Weg zur Ostspitze.
In der Ferne hörten wir die Kirchturmglocke schlagen. Die Sirene
der Molkerei heulte auf und kündigte eine Pause an. Die Möwen
kreischten, irgendwo heulte ein Kind.
Wir gingen schweigend weiter. Beim alten Ruderboot wollten wir
10 wieder über den Deich steigen. Das Heulen wurde lauter.
Auf einmal griff Delia meinen Arm. Sie kniff mich so heftig, dass ich
sie ärgerlich abschüttelte. „Au, du tust mir weh!"
„Du lieber Gott!", flüsterte sie.
Da, an das geteerte Boot geschmiegt, lag ein junger Seehund, so
15 winzig und so hilfsbedürftig, dass uns beiden die Tränen in die Augen
traten. Es verschlug uns den Atem. Das Seehundbaby bewegte sich
nicht, aber es heulte herzzerreißend in lang anhaltenden Jaultönen.
Wir knieten uns neben das Tierchen in den Sand. Sein Fell war weich.
Wie allerfeinstes Zinn glänzte der Rücken, und die Brust schimmerte,
20 als wäre sie aus mattem Silber. Der Kopf war übergroß im Vergleich
zum Körper. Zwei schwarze Knopfaugen sahen uns erwartungsvoll an.
Über den Augen hatte der Kleine einen rabenschwarzen Fleck.
Ein paar Minuten war es still, das Schnäuzchen ging suchend hin und
her. Dann begann er wieder zu heulen, noch trauriger und kläglicher
25 als zuvor. Er zitterte vor Kälte.
„Armer kleiner Kerl!"
Ich zog mein T-Shirt aus und legte es über ihn. Nun fror ich.
Auf einmal gerieten wir in Panik. Was sollten wir jetzt tun?
Als ob er uns sagen wollte, dass wir uns beeilen müssten,
30 klatschte er plötzlich die kleinen Vorderflossen aneinander.
Flapp, flapp, flapp. Da nannten wir ihn Flapp.
Jetzt galt es, keine Zeit zu verlieren. Natürlich konnten wir ihn nicht
allein zurücklassen, wir beschlossen also, dass Delia bei ihm bleiben
sollte, während ich zurück ins Dorf lief und Hilfe holte.

35 Ich rannte so schnell ich konnte. Am Deich drehte ich mich
noch einmal um, legte die Hände an den Mund und brüllte:
„Pass gut auf ihn auf! Lass keinen ran!"

Was in den nächsten Stunden geschah, erinnerte an einen Film
im Zeitraffereffekt.
40 Flapp wurde zur Aufzuchtstation auf dem Festland in Pieterburen
gebracht und wir durften ihn begleiten.
Wir hatten getan, was wir konnten. Jetzt löste Frau Lenie,
die Leiterin der Station, uns ab.
„Ist er nicht goldig?", sagte sie und trug ihn wie ein Baby
45 ins Haus. Die ganze Station lief zusammen. Jeder wusste,
was er zu tun hatte, sobald ein Jungtier ankam.
Wir durften dabei sein, als Flapp seinen ersten Fischbrei bekam.
Er wollte den Magenschlauch nicht schlucken, aber da gab es
kein Pardon. Alle seufzten vor Erleichterung, als es glückte.
50 Frau Lenie schaltete die warmen Lampen an. Alles lief wie
am Schnürchen. Die Zeit drängte. Wir mussten uns auf
die Heimfahrt machen. Frau Lenie gab uns die Telefonnummer
der Aufzuchtstation und erlaubte uns, jederzeit anzurufen.
„Ich sage euch Bescheid, Kinder, wenn Flapp groß und
55 stark genug ist, um wieder ins Meer gesetzt zu werden.
Vielleicht erlaubt euch die Wasserschutzpolizei sogar,
mitzufahren. Ich werde ein gutes Wort für euch einlegen."

Dieuwke Winsemius

**Die ganze Geschichte kannst du
im gleichnamigen Buch von
Dieuwke Winsemius nachlesen.**

In Mister Müll-Laune

Als Judy am Morgen ganz früh aufwachte, war es draußen noch
dunkel. Sie schnappte sich ihre Taschenlampe und ihr Heft. Dann
schlich sie auf Zehenspitzen in die Küche und begann die Welt
zu retten.

5 Judy hoffte, dass es ihr noch vor dem Frühstück gelang. Allerdings
fragte sie sich, ob andere Leute, die die Welt verbessern wollten,
dabei auch so leise sein mussten, damit ihre Eltern nicht aufwachten.
Judy Moody war in Mister Müll-Laune. Mister Müll war das
freundliche Müll-Monster aus dem Comic, dessen Haus aus Pommes-
10 frites-Schachteln und Plastikflaschen bestand. Mister Müll konnte alles
wiederverwerten. Sogar Lutscher-Stäbchen.
Also, Projekt: WIEDERVERWERTUNG. Judy Moody wollte ihrer
Familie vor Augen führen, wie sehr sie ihrem Planeten schadete.
Ab sofort wollte sie es aufschreiben, wenn jemand etwas wegwarf.
15 Judy nahm ihr Heft und warf einen Blick in den Mülleimer.
„Stink! Du kannst doch nicht das schöne Müsli in den Müll werfen!",
rief sie ihrem Bruder zu. Ihre Familie kam die Treppe heruntergepoltert.
„Pa, sag ihr, dass sie aufhören soll, mir hinterherzuspionieren."
„Ich bin aber Müll-Detektivin", antwortete Judy. „Oder auch
20 Müllologistin, wenn dir das lieber ist. Mister Grosh, mein Biologie-
lehrer, sagt, wenn man herausfinden will, was man wiederverwerten
kann, muss man sich seinen Müll erst einmal genau ansehen."

Moritz: Mama! Papa! Mama, die Rühreier riechen ja wieder vorzüglich, hast du gezaubert? Und Papa, Junge du siehst heute ja klasse aus! Bereit das Finale zu gewinnen?

Vater: Ich dachte halt, weil es das Finale ist, würdest du vorbeikommen.

Mutter: Du weißt doch, dass ich arbeiten muss! Ich komme das nächste Mal.

Vater: Das sagst du jedes Mal.

Mutter: Ach, das stimmt jetzt gar nicht, nur weil ich arbeiten muss.

Vater: Du musst immer arbeiten.

Moritz: Können wir jetzt endlich mal los?

Mutter: Ich habe morgen zwei Hochzeiten im Hotel.

Vater: Ja, morgen!

Moritz: Wir kommen zu spät!

Mutter: Du, das geht nicht alles so schnell.

Das Essen kocht sich nicht von selbst und ich muss noch so viel vorbereiten.

Vater: Komm, alles was ich sage ist, er würde sich tierisch freuen,

wenn du auch mal dabei wärst – zum Anfeuern! Yeah!

Moritz: Wenn wir das Spiel verpassen, ist es echt egal, ob sie da ist oder nicht!

Vater: Da hast du recht!

Mutter: Also gut! Ich komm vorbei, ja! Versprochen!

Vater: Wow! Kriegen wir das schriftlich?

Mutter: Oh manno, ja, ich komme vorbei!

Moritz: Na, dann los …

Interview mit dem Regisseur

Wie sind Sie zu diesem Projekt gekommen?

Granz Henman:
Die Produktionsfirma hat mich gefragt, ob ich an
einem Kinderfilm interessiert wäre, der sich um
5 Fußball dreht. Ich wollte unbedingt einen Kinderfilm
machen, war aber nach dem Lesen des Drehbuchs
nicht allzu begeistert. Mir erschien es wie etwas,
das schon sehr oft da gewesen war.
Was mich letztendlich überzeugt hat, das Projekt zu
10 machen, war die Tatsache, dass die Produzenten mir
völlig freie Hand beim Drehen ließen.

*Welche neuen Elemente haben Sie dann konkret
in den Film eingefügt?*

Granz Henman:
15 Zum einen das Parkour-Element und zum anderen das
Vorhaben, den Film weg vom klassischen Fußballplatz
auf die Straße oder eben in das Einkaufszentrum zu
verlagern. Es geht dabei um die Aussage, dass man
lediglich einen Ball und ein paar Freunde braucht,
20 um leidenschaftlichen Fußball zu spielen.

*Sie hatten natürlich auch Glück bei der Besetzung
des Hauptdarstellers. Wie haben sie ihn gefunden?*

Granz Henman:
Das kann man wohl sagen. Wir haben ziemlich lange
25 in ganz Deutschland gecastet. Meine Freundin, die
auch die Mutter von Moritz im Film spielt, hat
zufällig einen Artikel über eine Teenieband namens
Apollo 3 gelesen und mir erzählt, dass sie die Musik
zu dem Film Vorstadtkrokodile machen und eventu-
30 ell auch bei den Teufelskickern mitwirken könnten.
Der Sänger von Apollo 3 hat dann meinem Bild von
Moritz genau entsprochen und ich habe die anderen
Bandmitglieder in weiteren Nebenrollen eingesetzt.

Hast du schon gewusst?
Parkour ist eine Sportart, bei
welcher der Teilnehmer unter
Überwindung sämtlicher Hindernisse den schnellsten Weg von
A zum selbstgewählten Ziel B
nimmt. Der Sportler überwindet
dabei alles, was ihm an Hinder-
nissen in den Weg kommt, z. B.
Pfützen, Papierkörbe, Bänke,
Blumenbeete und Mülltonnen.
Ebenso werden Bauzäune, Mau-
ern, Litfaßsäulen und Garagen
übersprungen oder überklettert.
Die Hindernisse selbst dürfen
jedoch nicht verändert werden,
weil es darum geht, mit dem
vorhandenen Umfeld zurechtzu-
kommen.

Merchandising

Die Produktionsfirmen von Filmen wollen so viel wie möglich verdienen. Deswegen bieten sie zu einem erfolgversprechenden Film zusätzliche Produkte mit dem Logo und Bildern aus dem Film an. Gleichzeitig wird dadurch auch der Anreiz, sich den Film anzuschauen, erhöht. Man nennt diese Verkaufsförderung Merchandising. Manche Kinofilme erzielen mit den Erlösen der Produkte rund um den Film sogar viel mehr Gewinn, als der Film letztendlich einspielt. Die Werbe-sprache, mit der um diese Merchandising-Produkte geworben wird, ist ein ganz bewusstes Instrument, um dich zum Kauf zu verführen.

Von den Teufelskickern kannst du *fast* alles kaufen:

Teuflisch originale Produkte aus dem Teufelskicker-Film exklusiv im Teufelskicker-Shop

Original Teufelskicker-Trikot – ein Muss für jeden Teufelskicker

Original Teufelskicker-Fußbälle für teuflische Pässe

Werbespott

ALLES! Kaufen Sie ALLES!
ALLES – immer ein Gewinn!
ALLES! Ich hätt gern ALLES!
Für ALLES geb ich alles hin.
5 ALLES! Kaufen Sie ALLES!

Wer ALLES kauft, muss sich nicht sorgen,
wer ALLES hat, der muss nichts besorgen,
wer ALLES hat, der kann gut lachen:
Mit ALLES kann man alles machen!

10 ALLES! Kaufen Sie ALLES!
ALLES – immer ein Gewinn!

ALLES! Ich hätt gern ALLES!
Mit dem ich sehr zufrieden bin
und das ich niemals tauschen würde!
15 ALLES! Ich bleib bei ALLES!

Michail Krausnick

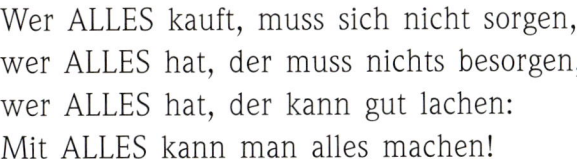

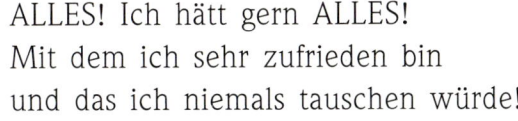

Abenteuerlust und Heldentat

Astronaut **AUSDAUER**
Bergsteiger **BEGEISTERUNG**
Entdecker **ENTSCHLOSSENHEIT**
Naturforscher **NEUGIER**
Tiefseetaucher **TATKRAFT**
Erdumseglerin **ENERGIE**
Umweltschützerin **UNERSCHROCKENHEIT**
Rodeoreiter **RESPEKT**
Erfinder **EHRLICHKEIT**
Reisender **RISIKOBEREITSCHAFT**

Bergsteigerin

Gerlinde Kaltenbrunner schreibt als Bergsteigerin österreichische Alpingeschichte.

Sie wurde am 13.12.1970 in Spital
5 am Pyhrn geboren und machte das Bergsteigen schon als junges Mädchen zu ihrem Hobby. Heute ist sie die erste Frau, die neun Achttausender bezwungen hat – und das jeweils
10 ohne künstlichen Sauerstoff!
2004 erreicht Gerlinde Kaltenbrunner den Gipfel der Annapurna I (8.091 m) und des Gasherbrum I (8.068 m). Und sie will mehr.
15 Gerlinde Kaltenbrunner hat sich zum Ziel gesetzt, alle 14 Achttausender der Erde ohne künstlichen Sauerstoff zu bezwingen. Sie scheiterte aber schon mehrfach am K2, zuletzt
20 im August 2010. Dabei war einer ihrer Kameraden, der schwedische Bergsteiger Fredrik Ericsson, abgestürzt und ums Leben gekommen.

Entdecker

Wenige Jahre, nachdem Erik der Rote Grönland entdeckt hatte, hörte der Wikinger **Leif Eriksson** von einem Händler, dass er sich auf der Fahrt von Island nach Grönland
5 verirrt hatte und auf ein im Südwesten gelegenes unbekanntes Land gestoßen war. Dies muss sich etwa im Jahr 986 zugetragen haben.
Das veranlasste Leif Eriksson, im Jahr 1001
10 nach diesem Land zu suchen.
Und tatsächlich war er erfolgreich. Er fand die ersten Inseln im Norden Amerikas. Da die Besiedlungsversuche der Wikinger nach einigen Jahren
15 scheiterten, gerieten die Entdeckungen für Jahrhunderte in Vergessenheit. Dennoch kann man sagen, dass Leif Eriksson sich erster Entdecker
20 Amerikas nennen darf, auch wenn in Geschichtsbüchern der Name Kolumbus weit verbreitet ist.

Erdumseglerin

16-Jährige beendet Solo-Weltumseglung

Die Schule schien ihr etwas zu langweilig, da schnappte sich die Australierin Jessica Watson eine kleine Yacht und segelte allein um die Welt. Als jüngste Seglerin aller Zeiten hat die
5 16-jährige Australierin Jessica Watson ihren Solo-Törn um die Welt beendet. Unter dem Jubel zahlreicher Schaulustiger lief sie nach 210 Tagen auf See mit ihrer gut zehn Meter langen Yacht „Ella's Pink Lady" im Hafen von Sydney ein. Sie beendete ihre Weltumsegelung ohne Zwischenstopp und Hilfe damit sogar einen
10 Monat früher als geplant.

Watson legte insgesamt 23.000 Seemeilen zurück und traf drei Tage vor ihrem 17. Geburtstag am 15. Mai 2010 an ihrem Zielhafen in Sydney ein. Von dort aus war das Mädchen am 18. Oktober 2009 in
15 See gestochen und hatte in den vergangenen Monaten auch gefährliche Situationen meistern müssen. Im Januar geriet sie beispielsweise in einen Sturm mit Hurrikan-Stärke, bei dem ihr Mast mehrmals so weit in Schieflage kam, dass das Boot unter Wasser
20 gedrückt wurde.

Tiefseetaucher

Jacques Piccard kam am 28. Juli 1922 in Brüssel zur Welt. In Genf studierte er Wirtschaftswissenschaften und internationale Beziehungen. Von 1950 an widmete er sich der Erforschung der Meerestiefen. Während sein
5 Vater Auguste Piccard 1931 mit seinem Ballonflug bis in eine Höhe von 16.000 Metern für Aufsehen gesorgt hatte, brach Jacques Piccard jegliche Tiefenrekorde. Mit dem U-Boot „Trieste", das er mit seinem Vater konstruiert hatte, erreichte er am 23. Januar 1960 zusammen
10 mit US-Marineleutnant Don Walsh den Marianengraben in 10.916 Metern Tiefe. Sie waren damit die ersten, die den tiefsten Punkt der Weltmeere erreichten. Bis heute gelang das keiner weiteren Expedition.

Der Berg der Abenteuer

Bald hatten Dina, Lucy und Jack die Felswand erreicht und
schauten in die Höhe. Steil, fast senkrecht stieg sie vor ihnen empor.
Niemand konnte da hinaufklettern, nicht einmal eine Gämse.
„Wo befand sich denn die ganze Gesellschaft, als sie plötzlich verschwand?",
5 überlegte Jack. „Es muss ungefähr an dieser Stelle gewesen sein."
Er deutete auf ein Gewirr von Brombeerranken und Schlingpflanzen,
die dicht miteinander verflochten waren. Auch an anderen Stellen war
die Felswand mit Farnen und kleinen Pflanzen bewachsen.
Deshalb fiel den Kindern zuerst nichts Besonderes an dem Pflanzenteppich
10 auf. Da wurde er jedoch plötzlich durch einen Windstoß nach hinten geweht.
Nanu, wie kam denn das? Dann konnten die Pflanzen ja gar nicht direkt
vor der Felswand wachsen, sondern mussten davor hängen. Neugierig schob
Lucy sie ein wenig zur Seite. Dahinter wurde ein breiter Spalt im Felsen
sichtbar, der fast wie eine Tür aussah.
15 Lucy war erstaunt. „Sieh nur, Jack", sagte sie,
„hier hinter den Pflanzen ist eine Felsspalte."
„Donnerwetter! Da müssen sie mit Philipp durchgegangen sein. Und ich
dachte schon, die Erde hätte sie verschluckt. Schiebe den Vorhang noch
ein wenig mehr zur Seite, Lucy. Wir wollen mal sehen, wo es da hingeht."
20 Die Kinder schlüpften hinter den grünen Vorhang und gingen neugierig durch
den breiten Spalt in der Felswand. Der Weg führte sie in eine runde, sehr
hohe Höhle. Obwohl Jack mit seiner Taschenlampe hinaufleuchtete,
war nichts von der Decke zu sehen. „Das nimmt ja kein Ende",
sagte er verwundert. „Es sieht fast wie ein hoher Schacht aus."
25 Dina schaute neugierig in die Höhe. „Ob die anderen
hier hineingegangen sind? Wo sind sie dann aber geblieben?"
„Keine Ahnung." Jack war ratlos. „Ach, seht mal, hier unten
in der Mitte ist Wasser. Beinahe wäre ich eben hineingefallen."
Er leuchtete mit der Lampe zu Boden. Eigentlich konnte man kaum
30 von Boden sprechen, denn der größte Teil der Höhle wurde von einem
schwarzen Teich eingenommen, dessen Oberfläche glatt wie ein Spiegel war.
Lucy schauderte. „Das ist kein schöner Teich."
„Was für eine sonderbare Höhle!", bemerkte Dina. „Keine Decke, kein Boden,
nur ein tiefer Teich. Und kein Weg, der von hier weiterführt."

35 „Es muss aber doch einen Weg geben, den der Mann gestern mit Philipp und den Hunden gegangen ist", sagte Jack, der fest entschlossen war, so lange danach zu suchen, bis er ihn gefunden hatte. Er begann, die Höhle Stück für Stück mit seiner Lampe abzuleuchten, konnte aber trotzdem keinen zweiten Ausgang entdecken. In den glatten Wänden befand sich nicht das kleinste

40 Loch, nicht der geringste Spalt. Endlich gab Jack es auf.

„Aus dieser Höhle führt kein zweiter Ausgang. Der einzige Weg wäre der nach oben. Aber hier sind weder Krampen noch Stufen zu finden. Kein Mensch kann an der glatten Wand emporklettern."

„Dann muss der Weg wohl durch den Teich führen", sagte Dina halb im

45 Scherz.

Jack blickte auf das schwarze Wasser. „Wie soll man denn da durch? Aber untersuchen will ich die Pfütze doch wenigstens. Ich werde einmal durchwaten."

Der Teich war jedoch tiefer, als Jack geglaubt hatte. Nach zwei Schritten ging

50 ihm das Wasser schon bis zur Brust. Er streifte die Kleider ab und schwamm hinüber und dann wieder zurück. Lucy folgte ihm ängstlich mit den Augen. Jack tastete mit den Füßen nach unten. „Ich habe keinen Grund", sagte er. „Ein Teich ohne Grund, eine Höhle ohne Decke, ist das nicht sonderbar? Ich komme jetzt heraus. Das Wasser ist eiskalt."

55 Erst dicht am Rande des Teiches spürte Jack wieder Grund unter den Füßen. Da glitt er aus. Als er nach einem Halt suchte, berührten seine Finger einen merkwürdigen Gegenstand unter der Wasseroberfläche. Er fühlte sich fast wie ein kleines Steuerrad an.

Fröstelnd stieg der Junge aus dem Wasser und zog seine Kleider über. Er

60 musste zuerst etwas auf dem Leib haben, bevor er den merkwürdigen Gegenstand näher untersuchte. Dann kniete er am Rande des Teiches nieder und griff mit der Hand ins Wasser.

„Halt mal meine Taschenlampe, Lucy", bat er. „Hier unten habe ich etwas Seltsames entdeckt."

65 Mit zitternden Fingern griff Lucy nach der Lampe. Was würde Jack finden? „Es ist ein kleines Rad", sagte er. „Wozu mag es hier wohl angebracht sein? Na, Räder sind schließlich dazu da, dass man sie dreht. Also los!" Er drehte das Rad, das sich spielend leicht bewegen ließ, nach rechts. Plötzlich begannen die beiden Mädchen laut zu schreien und griffen Hilfe

70 suchend nach seinen Armen. Jack sprang auf. „Was ist los?", rief er.

Enid Blyton

Nis Randers

Krachen und Heulen und berstende Nacht,
Dunkel und Flammen in rasender Jagd –
ein Schrei durch die Brandung!

Und brennt der Himmel, so sieht man's gut:
5 ein Wrack auf der Sandbank! Noch wiegt es die Flut;
gleich holt sich's der Abgrund.

Nis Randers lugt – und ohne Hast
spricht er: „Da hängt noch ein Mann im Mast.
Wir müssen ihn holen."

10 Da fasst ihn die Mutter: „Du steigst mir nicht ein!
Dich will ich behalten, du bliebst mir allein.
Ich will's, deine Mutter!"

Dein Vater ging unter und Momme, mein Sohn.
Drei Jahre verschollen ist Uwe schon,
15 mein Uwe, mein Uwe!"

Nis tritt auf die Brücke. Die Mutter ihm nach!
Er weist nach dem Wrack und spricht gemach:
„Und seine Mutter?"

Nun springt er ins Boot und mit ihm noch sechs:
20 hohes, hartes Friesengewächs;
schon sausen die Ruder.

Boot oben, Boot unten, ein Höllentanz!
Nun muss es zerschmettern! … Nein, es blieb ganz! …
Wie lange? Wie lange?

25 Mit feurigen Geißeln peitscht das Meer
die menschenfressenden Rosse daher;
sie schnauben und schäumen.

Wie hechelnde Hast sie zusammenzwingt!
Eins auf den Nacken des andern springt
30 mit stampfenden Hufen!

Drei Wetter zusammen! Nun brennt die Welt!
Was da? – Ein Boot, das landwärts hält …
Sie sind es! Sie kommen! –

Und Auge und Ohr ins Dunkel gespannt …
35 Still – ruft da nicht einer? – Er schreit's durch die Hand:
„Sagt Mutter, 's ist Uwe!"

Otto Ernst (1862–1925)

Der Prerower Vormann Johann Niemann
rettete über 70 Menschen aus Seenot

Unerschrockenheit, großen Mut und selbstloses Handeln verbinden viele Menschen im Ostseebad Prerow noch heute mit
Johann Niemann (1866–1963). Der langjährige Vormann der
Seenotrettungsstation hat in seiner Zeit über 70 Menschen
5 das Leben gerettet – und dabei oft genug sich selbst in
Gefahr begeben. Schon zu Lebzeiten galt er als einer der
verdienstvollsten Prerower Bürger. Niemanns Mut und Einsatzbereitschaft erfuhren jetzt eine besondere Würdigung:
Auf dem Prerower Seemannsfriedhof erinnert seit dem
10 5. Juli 2010 eine Gedenktafel an Vormann Niemann.

Die Menschen auf dem Darß erzählen sich bis heute eine für Niemanns Mut und Einsatzbereitschaft besonders bezeichnende wahre Begebenheit:

15 Einmal – wieder einmal – havarierte am Darßer Nordstrand bei heftigem Sturm ein Schiff. Niemann, der nicht zu Haus war, als die Mannschaft alarmiert wurde, kam erst an den Strand, als sie schon mit den Geret-
20 teten zurückgekehrt war, und fragte: „Sünd dat all?" Seine Männer antworteten, das seien alle bis auf einen, den man bei dem immer stärker werdenden Sturm unmöglich noch abbergen könne. Niemann erwiderte

25 nur: „Entweder wi halen all – orrer wi bliewen all!" Widerspruchslos bestieg die Mannschaft mit ihm gemeinsam das Rettungsboot, fuhr zu dem Unglücksschiff und rettete tatsächlich auch noch den letzten
30 Schiffbrüchigen.

Als Johann Niemann am 9. September 1866 in Prerow geboren wurde, war die erst gut ein Jahr zuvor gegründete DGzRS (Deutsche Gesellschaft zur Rettung Schiffbrüchiger)
35 noch jung. Wie fast alle Männer vom Darß ging Niemann zeitig zur See, fuhr zunächst als Schiffsjunge, Matrose und dann als Steuermann. 1894 legte er sein Kapitänspatent ab und fuhr über zehn Jahre als Kapitän
40 auf großen Segelschiffen um die Welt. 1906 nahm Kapitän Niemann seinen Abschied von der aktiven Seefahrt. Als freiwilliger Seenotretter fuhr er jedoch immer wieder gerade dann hinaus, wenn andere Schiffe schüt-
45 zende Häfen anliefen.

Von 1913 bis 1948 war Johann Niemann Vormann in Prerow. Noch als 70-Jähriger rettete er 1936 bei einem der letzten Einsätze der DGzRS mit einem Ruderrettungs-
50 boot zehn polnische und drei holländische Seeleute. Dafür erhielt er die Prinz-Heinrich-Medaille, die seinerzeit jährlich für die jeweils schwerste Rettungsfahrt vergeben wurde. Zwei Jahre später war mit der In-
55 dienststellung des Motorrettungsbootes LOTSENKOMMANDEUR LEPPERT auch in Prerow die Zeit der Ruderrettungsboote vorbei.

Bordtagebuch der WILHELM KAISEN

Eintrag für den 2. Oktober 1997: *22.15 Uhr, Segelyacht „Anita"*
mit Hilfe des Tochterbootes in den Helgoländer Schutzhafen
bugsiert und festgemacht.
Ein fast zehnstündiger Einsatz kann glücklich beendet werden.
Glücklich vor allem für die Geretteten – zehn Männer und Frauen,
die sich auf dem Traditionssegler „Anita" 53 Seemeilen nördlich von Helgoland
in Seenot befanden. Später berichtet Skipper Manfred Ernst, der verantwort-
liche Schiffsführer, was sich am letzten Tag einer langen Reise ereignet hat:

53 Seemeilen = 98,15 km

> „Ich lag gerade in der Koje. Die ‚Anita' legte sich mehr als 90° über, es gab einen ohrenbetäubenden Schlag. Alles, was nicht niet- und nagelfest war, einschließlich der Crew, flog durch das Schiff. Nach kurzer Zeit richtete sich das Schiff wieder auf. Ich sah das Wasser sehr schnell in der Bilge steigen und vermutete einen Plankenbruch. Sofort riss ich den Hörer des UKW-Gerätes von der Halterung und gab ein ‚Mayday' ab."

Zwischenzeitlich gelingt es, durch Einsatz der bordeigenen Pumpen das
Wasser aus dem Schiff zu befördern. Der Notfall kann aufgehoben werden,
es bleibt allerdings die Dringlichkeitsstufe bestehen. Auf dem Weg zu dem
schwer angeschlagenen 18-Meter-Schiff befinden sich der SAR-Hubschrauber
der Marine und der Seenotkreuzer WILHELM KAISEN.

> „Unser Arzt kümmerte sich um die Verletzten ... Die im Moment gefährlichsten Schäden waren der losgerissene Lukendeckel auf dem Achterdeck und das eingedrückte Skylight der Eignerkammer, da hier jederzeit wieder größere Mengen Wasser eindringen konnten."

Unter diesen Umständen gelingt es den unverletzten Besatzungsmitgliedern,
die Situation in den Griff zu bekommen.

> „In Begleitung der WILHELM KAISEN liefen wir die letzten 30 Seemeilen nach Helgoland, wo wir im Schutz der Düne eine Schleppleine vom Tochterboot übernahmen, das uns in den Hafen schleppte. Die Assistenz und Begleitung, zu Anfang durch den SAR-Hubschrauber und später durch den Seenotkreuzer WILHELM KAISEN, waren sowohl für die Crew als auch für mich beruhigende Faktoren. Wir waren so sicher, dass bei einem erneuten Wassereinbruch sofort Hilfe zur Stelle gewesen wäre."

Verschollen im Treibeis

Diese Geschichte spielt vor etwa 1000 Jahren. Leiv, ein Junge,
gehört zu einer Gruppe von Wikingern, die mit drei Schiffen
unterwegs sind, um sich in Grönland anzusiedeln.

Im Morgengrauen schrie der Wachposten, er sähe treibende Eisschollen,
5 blaues Treibeis. Es galt als das gefährlichste, da es im Wasser schlecht zu
erkennen war. Thorstein befahl seinen Männern, sich noch stärker in die
Riemen zu legen, aber ihm wurde schnell klar, dass sie dem Packeis nicht
ausweichen konnten. Schon bald waren sie von riesigen Eisschollen umgeben,
ein wahres Eismeer dehnte sich vor ihnen aus, so weit das Auge reichte.
10 Aus den Schiffsseiten drang ein beunruhigendes, schabendes Geräusch. Die
dicken Schiffsplanken begannen unter dem Druck der Eisplatten gefährlich
zu ächzen. Die Männer holten die Ruder ein und beugten sich über Bord.
An manchen Stellen waren die Planken eingedrückt, und es sickerte Wasser
herein. Man versuchte die Scharten mit talggetränkten Tuchfetzen zu
15 verstopfen. Gleichzeitig wurde unablässig Wasser geschöpft. Thorsteins
Drakkar hatte es am schlimmsten getroffen. Obwohl die Männer verbissen
schöpften, stieg das Wasser im Schiffsbauch immer höher.
„Wir sinken! Wir müssen auf die anderen Boote!", brüllte Thorstein.
Leiv zog ihn am Ärmel. „Ich könnte von Scholle zu Scholle springen,
20 bis ich bei den anderen bin", schlug er vor.
Thorstein schaute ihn stirnrunzelnd an. Dann stimmte er zu.
„Einverstanden! Sag ihnen, dass sie so nahe wie möglich herankommen
sollen. Ansonsten schaffen wir es niemals, die Tiere umzuladen."
Leiv kletterte über die Außenhaut und sprang über tiefe Spalten, in denen
25 schwarzes Wasser gurgelte, von einer Eisscholle zur nächsten. Er spürte,
wie die Eisplatten unter ihm schwankten, rutschte mehrmals aus und bremste
seinen Sturz, indem er sich mit Fingern und Nägeln am Eis festkrallte.
Urplötzlich legte sich dichter Nebel über ihn. In wenigen Sekunden schien
alles wie von einer grauen, feuchten Decke umhüllt. Leiv konnte nicht
30 einmal mehr den Rand der Eisscholle erkennen, auf der er stand.
Dann hörte er einen gewaltigen Donnerschlag. Menschen schrien,
verängstigte Tiere muhten, blökten und wieherten. Er spürte, wie sich die
Eisscholle unter ihm fast senkrecht aufrichtete und gegen eine andere prallte.

Durch den Zusammenstoß verlor er das Gleichgewicht, glitt an der glatten
Oberfläche entlang und wurde ins eisige Wasser geworfen. Doch gerade als er
in den Fluten zu versinken drohte, schob sich eine andere Eisscholle unter ihn
und schleuderte ihn wieder aus dem Wasser. Um ihn herum war die Hölle.
Das Eis zerbarst unter hartem Knirschen, schwere Eisplatten kamen mit
dumpfem Dröhnen übereinander zu liegen.

Auf einmal hörte Leiv das Geräusch von splitterndem Holz. Er begriff
fassungslos, dass die Eismassen Thorsteins Drakkar in Stücke rissen.
Leiv stürzte erneut ins Wasser. Er bekam keine Luft mehr und strampelte wild
mit den Beinen, um wieder an die Wasseroberfläche zu gelangen. Da sah er
einen großen Balken auf sich zuschwimmen, einer von denen, die im
Schiffsgraben dazu gedient hatten, die Pferde anzubinden. Drei abgerissene
Stricke hingen im Wasser. Leiv schwamm bis zu dem Balken und klammerte
sich daran fest. Er schwang sich auf das Holz, und es gelang ihm, trotz seiner
vor Kälte steif gefrorenen Finger, einen der Stricke um sich zu schnüren.
Nachdem er festgebunden war, schaute er sich um. Aber es gab nicht viel
zu sehen. Nur Eis, Eis, so weit das Auge reichte. Alles andere war im Nebel
verborgen. Er fing an zu schreien, doch er bekam keine Antwort.
Leiv klapperte vor Kälte mit den Zähnen. Er streckte sich auf dem Balken aus
und versuchte seine Lederstiefel über Wasser zu halten.
Wie lange ritt er auf dem Balken? Leiv wusste es nicht. Von Zeit zu Zeit
döste er ein, aber immer nur einen kurzen Moment. Er wagte es nicht,
richtig zu schlafen, aus Angst, dabei ins Wasser zu rutschen. Sein Körper
war starr und steif vor Kälte. Er dachte, er müsse sterben.
Im Laufe des Tages brach die Sonne durch, und der Nebel löste sich auf.
Leiv hob den Kopf und schaute benommen um sich. Zuerst starrte er aufs
Meer. Das Eis trieb nun auf hoher See. Leiv war allein auf einem Balken.
Die Strömung lenkte das sonderbare Gefährt zur Küste.
Der Junge entdeckte überrascht, dass er sich nur wenige hundert Meter vor
einem sanft ansteigenden Strand voller Kieselsteine befand. Jenseits des Ufers
sah er wellige Flügel, bewachsen mit Heidekraut und verkrüppelten Weiden.
In der Ferne erhoben sich hohe Berge mit bläulich schimmernden Flanken
aus ewigem Schnee.
Leiv wurde klar, dass er in Grönland gelandet war.

Jörn Riel

Weise Tiere und belehrte Menschen

Der weiße Hirsch

Es gingen drei Jäger wohl auf die Pirsch,
sie wollten erjagen den weißen Hirsch.

Sie legten sich unter den Tannenbaum,
da hatten die drei einen seltsamen Traum.

5 *Der erste*
Mir hat geträumt, ich klopf auf den Busch,
da rauschte der Hirsch heraus, husch husch!

Der zweite
Und als er sprang mit der Hunde Geklaff,
10 da brannt ich ihn auf das Fell, piff paff!

Der dritte
Und als ich den Hirsch an der Erde sah,
da stieß ich lustig ins Horn, trara!

So lagen sie da und sprachen, die drei,
15 da rannte der weiße Hirsch vorbei.

Und eh die drei Jäger ihn recht gesehn,
so war er davon über Tiefen und Höhn.

Husch husch! Piff paff! Trara!

Ludwig Uhland

Der Hirsch am Teich

Ein Hirsch ging zum Trinken zum Teich.
Als er seinen Durst gelöscht hatte, blieb er noch stehen
und betrachtete sein Spiegelbild.
„Ich habe wirklich ein schönes Geweih", sagte er stolz.
5 „Es ist einfach großartig. Nur schade, dass meine
Beine nicht richtig dazu passen. Sie sind zu dünn und
schwach. Wenn ich nur etwas tun könnte, damit sie
kräftiger werden."
Ein Löwe sah den Hirsch am Teich und begann, ihn zu
10 jagen.
Die Erde war frei und ohne Baumwuchs, und
allmählich gewann der Hirsch einen Vorsprung.
Da wandte er sich dem Wald zu, wo es viele sichere
Verstecke gab.
15 Doch bevor er noch ein geeignetes Versteck fand,
verfing er sich mit seinem großartigen Geweih – auf
das er doch so stolz war! – in einem herabhängenden
Ast.
Er konnte nicht weiterlaufen.
20 „Weh mir!", rief er, als der Löwe über ihn herfiel.
„Ohne das Geweih, auf das ich so stolz war, hätten mir
meine Beine, die ich so verachtete, das Leben gerettet."

Gerade das Wertvollste wird oft am wenigsten
geschätzt.

unbekannt

Der Löwe und die Stiere

Eine zärtliche und enge Freundschaft verband vier junge kräftige Stiere.
Ein Löwe, der in einem nahen Wald seinen Schlupfwinkel hatte, beobachtete
sie aus sicherer Entfernung und seine Begierde nach ihnen wuchs von Tag
zu Tag.

5 „Vor diesen acht spitzen Hörnern", sagte er sich aber, „müsste ich fliehen!
Ja, diese vier Stiere könnten mich sogar töten, wenn sie mich gemeinsam
angreifen. Aber ich weiß, was ich tun muss!"
Er verbarg sich am Rand der grünen, saftigen Wiesen, auf der die Stiere
weideten, und wartete geduldig, bis sich einer von den anderen ein wenig
10 entfernte. Dann schlich der Löwe hin und flüsterte dem Stier zu:
„Ah, du bist es, den die anderen drei verspotten!"
Dem nächsten Stier erzählte er: „Die anderen drei sind eifersüchtig auf dich,
weil du größer und schöner bist als sie."
Am Anfang hörten die Stiere nicht auf den Löwen, aber bald fingen sie an,
15 sich gegenseitig zu misstrauen. Sie gingen nicht mehr gemeinsam auf die
Weide und nachts rückten sie voneinander ab. Das alles machte sie noch
viel misstrauischer und jeder dachte von den anderen: „Sie warten
auf eine Gelegenheit, mir ein Leid anzutun."
Als der Löwe schließlich die Nachricht verbreitete, die vier Stiere wollten
20 sich gegenseitig bekämpfen, weil jeder der Stärkste sein und die anderen
von der Weide verjagen wolle, da fielen sie einander sofort in heller Wut
an. Bald sahen die vier prächtigen jungen Stiere nicht mehr prächtig aus.
Sie schlugen mit ihren Hufen aufeinander ein und zerfetzten sich mit ihren
Hörnern die Lenden. Als der Löwe einen von ihnen anfiel, tötete und
25 fortschleppte, kamen die anderen ihrem Gefährten nicht zu Hilfe.
Der Löwe zerriss bald danach den zweiten, dann tötete er den dritten
und auch der vierte Stier wurde in einigen Tagen, als der Löwe wieder
Hunger hatte, dessen Opfer.

Johann Gottfried von Herder

Der Hase und der Baumgeist – ein afrikanisches Märchen

Der Hase, meistens ein listiger, verschlagener Geselle, kommt in zahllosen afrikanischen Erzählungen vor. In dieser Geschichte tut der Hase, was eher ungewöhnlich für ihn ist, jemandem einen Gefallen.

Eines Morgens, in aller Frühe, kehrte eine hagere Frau aus einem
5 Nachbardorf, wo sie an einer Hochzeit teilgenommen hatte,
nach Hause zurück. Sie achtete nicht auf einen kaputten Topf,
der auf dem Weg lag, sodass sie über ihn stolperte, hinfiel
und sich an einer Scherbe das Bein verletzte.
„Verflucht sei der Dummkopf, der seinen Abfall auf dem Weg liegen
10 lässt, wo anständige Leute entlanggehen!", rief sie aus und rappelte
sich mühsam wieder auf.
„Sein Erstgeborener soll ab sofort stumm sein und es bleiben,
bis jemand den Bann bricht, indem er etwas Törichtes macht wie
derjenige, der diesen kaputten Topf auf dem Weg liegen ließ,
15 um mich zu plagen!"

Und sie setzte ihren Weg fort. Nicht weit entfernt lebte ein hart
arbeitender Mann namens Dondo mit seiner Frau und ihrer sieben-
jährigen Tochter Tembe. Die nicht mehr ganz jungen Eltern hatten
sich in jahrelangen Mühen die Bequemlichkeit erarbeitet, die sie jetzt
20 genießen durften, und das Leben war gut zu ihnen gewesen bis auf
eine Ausnahme:
Es hatte ihnen nur ein einziges Kind beschert, eine Tochter.
Man stelle sich ihre Bestürzung vor, als sie an diesem Morgen
feststellen mussten, dass sie über Nacht die Sprache verloren hatte.
25 „Wer hat diesen bösen Fluch über sie verhängen können?", fragten
sie sich.
Sie holten sich bei vielen Medizinmännern Rat, aber niemand konnte dem Kind helfen, und so gingen die Jahre ins Land. Das Mädchen
wuchs heran, wurde anmutiger und schöner, doch es bestand kaum

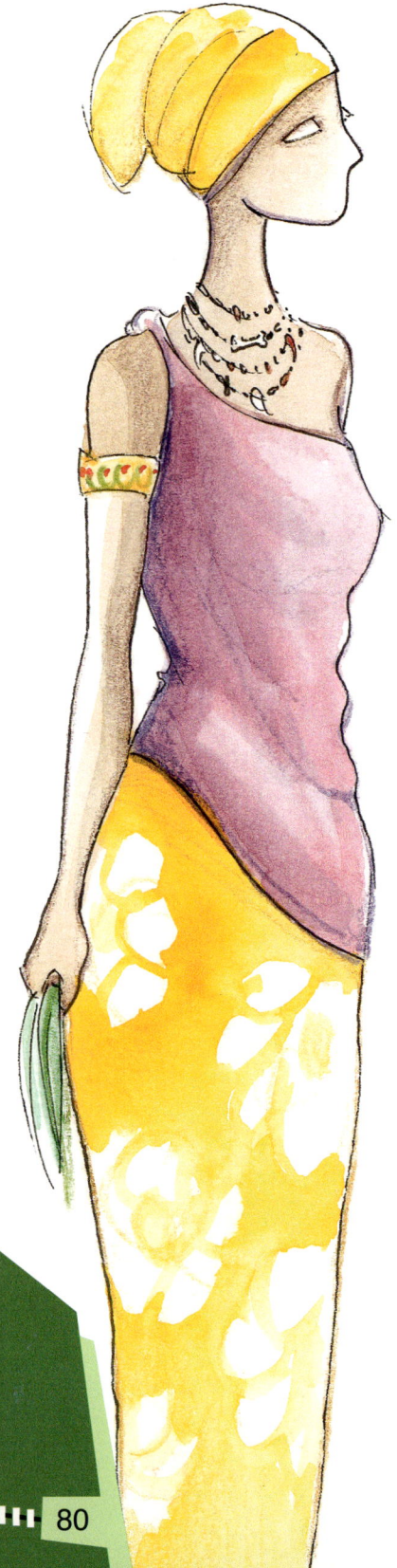

30 Hoffnung auf irgendwelche Reichtümer in Form der Lobla – des Brautpreises –, die ihre Eltern für eine so fleißige, reizende und schöne Tochter zu Recht hätten erwarten können.

Das betrübte sie zutiefst, denn wer, so fragten sie sich, würde schon für eine stumme Ehefrau bezahlen?

35 Wie wahr sollten ihre Befürchtungen sein! Die Nachricht über die Heimsuchung ihrer Tochter hatte sich nämlich überall verbreitet, und niemand kam, der um ihre Hand angehalten hätte. Einen jedoch gab es, einen jungen Mann namens Nthu, dessen Herz von ihrer Schönheit so berührt war, dass er sich danach sehnte, ihr zu helfen.

40 „Wenn ich den Baumgeistern nur ein angemessenes Geschenk anbiete", dachte er bei sich, „dann werden sie sich dieses zauberhaften Mädchens bestimmt erbarmen und sie von dem Fluch befreien, der ihr die Zunge gelähmt hat."

Nthu wartete bis zum Einbruch der Nacht, auf dass niemand von

45 seinem Vorhaben erführe. Dann ging er zu einer mächtigen Euphorbie, die ganz in der Nähe wuchs, und erzählte den Baumgeistern alles, was dem Mädchen widerfahren war.

Mvundla, der Hase, aber hatte seinen Bau genau am Fuß eben dieses Baums, und als er in seinem Schlummer durch Nthus Fürsprache

50 aufgeschreckt wurde, hörte er sich diese mit großem Interesse an. Er beschloss, sich auf Nthus Kosten einen Spaß zu erlauben, der ihm gleichzeitig, so hoffte er, auch nützlich sein würde.

Mit möglichst rau klingender Stimme antwortete er: „Du, der du mich um dieses bittest, was hast du mir als Entlohnung zu bieten?"

55 „Guter Geist", antwortete Nthu nach einer Weile, „fordere, was du willst, und ich werde es freudig zahlen, denn mein Herz verzehrt sich nach diesem zauberhaften Mädchen."

„Hmm-hmmmm", machte der Hase und tat so, als überlegte er sich die Angelegenheit reichlich, „ich würde gerne, dass du mir jeden Tag

60 einen üppigen Vorrat an frischem, grünen Gemüse und schmackhaften Beeren hierher bringst, dann werde ich mir die Sache gut überlegen."

Und tatsächlich brachte Nthu hoffnungsvoll einen reichlichen Vorrat an frischem Grünzeug und legte ihn zu Füßen der großen Euphorbie, und Tag um Tag genoss der Hase seine köstlichen Mahlzeiten.

65 Doch irgendwann begann sich sein Gewissen zu zwacken, denn er war eigentlich kein schlechter Hase. Er beschloss, das heimgesuchte Mädchen näher kennenzulernen und sie von ihrer Stummheit zu heilen, denn er hielt sich für ganz besonders fähig. Am nächsten Morgen ging er zu Dondos Hirsefeldern, die er nur

70 allzu gut kannte, hatte er sie doch in der Vergangenheit mehr als einmal heimgesucht. Dort traf er das Mädchen Tembe an, die behutsam eine Reihe von Setzlingen nach der anderen pflanzte. Sie beobachtete ihn gar nicht, als er ihr seine Hilfe anbot, sondern setzte ihre Arbeit ruhig fort.

75 Da kam ihm eine Idee. Er griff sich einige der Setzlinge, die auf einem Haufen zusammenlagen, folgte ihr und legte hinter ihr eine eigene Reihe an. Doch er pflanzte sie falsch herum, sodass ihre Wurzeln in der Luft hin und her wehten. Jetzt würde sie wenigstens auf ihn aufmerksam werden, dachte er bei sich. Als Tembe das Ende

80 der Reihe erreichte, streckte sie ihren Rücken und drehte sich um, um mit der nächsten Reihe zu beginnen. Da sah sie plötzlich, was der Hase getan hatte. Sie drohte ihm mit der Faust und schrie: „Oh, du Dummkopf, was fällt dir eigentlich ein?"

85 Ein Erstaunen verbreitete sich über ihr Gesicht, als ihr klar wurde, dass sie ihre Stimme zurückbekommen hatte! Sie ließ ihre Hacke fallen und rannte schreiend und lachend los, um ihre Eltern zu finden. „So sind die Menschen nun mal", grummelte der Hase. „Nie ein

90 Wort des Dankes. Aber wie lange, frage ich mich, hätte Nthu mich noch umsonst mit solch köstlichen Mahlzeiten versorgt?"

Phyllis Savory

Der kleine Hund, der unbedingt ein Mädchen haben wollte

1. Allgemeines

Wenn du einen Menschen erziehen willst, musst du immer daran denken, dass er anders ist als ein Hund. Für den Umgang mit ihm kommt es darauf an, ihn zu verstehen. Der Mensch hat kaum einen Geruchssinn, und sein Gehör ist auch nicht das Beste.

5 Beim Gassigehen musst du die Verantwortung dafür übernehmen, was um euch herum passiert. Außerdem läuft der Mensch sehr langsam und wird schnell müde.

Bedeutsam ist auch, dass die meisten Menschen – anders als die meisten Hunde – kein Fell besitzen. Der Mensch muss sich deshalb mit
10 Stoffstücken bedecken. Dafür muss er viel Zeit und Mühe aufwenden, weshalb er oft schlecht gelaunt ist. Wenn Menschen irgendwohin wollen, müssen sie sich erst umständlich fertig machen, wogegen Hunde immer auf der Stelle bereit sind (wenn nicht schon vorher).

2. Wohnen

Die Grundregel lautet, dass Menschen in Häusern wohnen. Meistens
15 wohnen Hunde mit den Menschen in den Häusern; viele Hunde haben aber auch eine eigene Hütte. Meistens ist es die Aufgabe des Hundes, das Haus zu bewachen und auf die Menschen aufzupassen. Ist ein Hund erstmal bei den Menschen eingezogen, muss er von Anfang an auf die Erziehung seines Menschenrudels bedacht sein. Dabei ist auf
20 viele Dinge gleichzeitig zu achten. Insbesondere sind die Fragen des Essens, des Gassigehens, des Bellens und der Sofanutzung zu klären.

3. Essen

Das Essen ist das Wichtigste bei jeder Erziehung. Der Mensch sollte so erzogen werden, dass er dem Hund möglichst oft möglichst viel zu essen gibt. Die Erziehung zum rechten Füttern ist eine ständige
25 Aufgabe und verlangt von Seiten des Hundes viel Ausdauer. Wenn man den Menschen nicht täglich an das Füttern erinnert, ist die ganze Erziehung für die Katz. Als die beste Methode hat sich dabei der flehende Blick erwiesen. Es ist dies eine Methode, die jeder Hund von Natur aus beherrscht. Mit dem flehenden Blick werden schon
30 seit Jahrhunderten gute Ergebnisse erzielt.
Achtung: Wird ein Hund sehr dick, kann der flehende Blick seine Wirkung verlieren. Warum, das hat man selbst in wissenschaftlichen Hundekreisen noch nicht herausgefunden.

4. Benehmen

Der Mensch darf reden und singen und auch sonst so laut sein, wie es ihm gefällt. Die Ausnahme ist sehr lautes Reden. Das sollte man abzustellen versuchen, dabei härtere Methoden wie das Beißen allerdings vermeiden. Bewährte sanfte Methoden sind wieder der flehende Blick (vgl. Punkt 3) oder das Winseln. Der Mensch darf ohne den Hund ins Freie, wenn es nicht zu oft geschieht. Um sein eigenes Essen darf der Mensch sich selbst kümmern; allerdings darf er nicht den Napf des Hundes benutzen. Der Mensch ist so zu erziehen, dass er gern und viel krault. Das Pfötchengeben lernen die Menschen offenbar besonders leicht zu verstehen. Es ist u. a. eine ausgezeichnete Art, sich Zwischenmahlzeiten zu verschaffen.

5. Katzen und andere Probleme

Wie bereits unter Punkt 1 angedeutet, neigen Menschen zu absonderlichen Verhaltensweisen. So kommt es z. B. vor, dass sie Katzen in ihre Häuser lassen. Ein geschickter Hund erzieht den Menschen so, dass er sich erst gar keine Katze zulegen will. Manchmal aber kann die Katze bereits im Haus sein, wenn der Hund dort einzieht. Bekanntermaßen lässt sich eine Katze nicht wie ein Mensch erziehen. Darum muss man wohl oder übel mit ihr auszukommen versuchen. Neben Katzen treten zahlreiche weitere, leider schwer vorhersehbare Probleme mit Menschen auf. So können sich Menschen hartnäckig allen Erziehungsversuchen widersetzen. Aus heiterem Himmel können sie nach jahrelanger Erziehungsarbeit urplötzlich die Essensportionen verkleinern oder das Extra-lecker-Trockenfutter gegen eine andere, minderwertige Sorte tauschen. Sie können unausstehliche Menschen ins Haus lassen, wertvolle Essensreste auf den Kompost werfen und zu jeder Zeit unangemeldet den Staubsauger in Betrieb nehmen. Die Faustregel lautet:

Mit Menschen muss man auf alles gefasst sein! Manche Hunde haben so schlimme Erfahrungen gemacht, dass man davon besser stillschweigt. Meistens jedoch ist der Mensch der beste Freund des Hundes. Menschen und Hunde passen gut zusammen.

Sari Peltoniemi

Paula Pudel: „Wie man Menschen erzieht.
Ein Menschen-Ratgeber für Hunde“,
Kurzversion, auch als Hörbuch in gebellter
Fassung lieferbar.

Das Katzenparadies

1. Ich war damals zwei Jahre alt und wohl die fetteste und naivste Katze, die man sich denken konnte. In diesem zarten Alter verachtete ich die Annehmlichkeiten des häuslichen Herdes. Dabei hätte ich eurer Tante doch Dank geschuldet! Die gute Frau
5 vergötterte mich. In der Tiefe eines Schrankes besaß ich ein echtes Schlafzimmer mit Federkissen und dreifacher Decke. Die Kost war so gut wie mein Schlaflager. Nie Brot, nie Suppe, immer nur Fleisch, ein gutes blutiges Fleisch.
Trotz all dieser Freuden und Genüsse fühlte ich nur einen Wunsch,
10 hatte ich nur einen Traum: mich durchs geöffnete Fenster hinauszu-schleichen und auf die Dächer zu flüchten. Die Liebkosungen schienen mir fade, die Weichheit meines Bettes ekelte mich, und den ganzen Tag langweilte ich mich in meinem Glück. Ich muss erwähnen, dass ich vom Fenster aus das Dach gegenüber erblickte. Dort wälzten sich an
15 jenem Tage vier Katzen mit gesträubtem Fell und hoch aufgerichtetem Schwanz mit wildem Freudengeheul im Sonnenglanz. Ein so wunderliches Schauspiel hatte ich noch nie gesehen. Seit jenem Tage stand meine Überzeugung fest: Das wahre Glück war nur auf diesem Dache zu finden, hinter diesem Fenster, das so sorgsam verschlossen
20 war. So, wusste ich, waren auch die Türen der Schränke, in denen sich das Fleisch befand, verschlossen. Ich fasste den Vorsatz zu entfliehen. Es musste im Leben noch anderes geben als blutiges Fleisch. Dort winkte das Unbekannte, das Ideal! Eines Tages war das Küchen-fenster nicht zu. Ich sprang auf ein kleines Dach, das sich unterhalb
25 des Küchenfensters befand.

2. Wie waren die Dächer so schön! Breite Dachrinnen begrenzten sie und strömten köstliche Düfte aus. Mit unsagbarer Freude verfolgte ich diese Rinnen, während meine Pfote in einem feinen, unendlich weichen, mollig warmen Kot versank. Mir wars als liefe
30 ich auf Samt. Und die Sonne schien so warm, und ihre heißen Strahlen schmolzen mein Fett. Ich zitterte an allen Gliedern, meine Freude war mit Furcht und Beklemmung gemischt. Beinahe wäre ich ausgerutscht und aufs Pflaster gestürzt.

Drei vom Giebel eines Hauses herabkollernde Katzen kamen mit furcht-
35 barem Miauen auf mich zu. Als sie mein Erschrecken sahen, lachten sie
mich aus und sagten, sie hätten nur im Spaß miaut. Ich begann mitzumi-
auen. Es war allerliebst. Die Kerle machten sich über mich lustig, als ich
wie eine Kugel auf dem von der Sonne erwärmten Dach umherrollte.
Ein alter Kater fühlte sich in besondere Freundschaft zu mir hingezogen.
40 Er bot mir an, meine Erziehung zu übernehmen, was ich mit Dank
annahm.
Ach! Wie weit lag das mollige Heim eurer Tante hinter mir. Ich trank
aus der Dachrinne, und keine gezuckerte Milch hatte mir je so süß
geschmeckt. Alles erschien mir gut und schön. Eine Katzendame spazierte
45 vorbei, deren Anblick mich erfreute. Bis dahin waren mir die Katzenda-
men mit ihrem geschmeidigen Fell nur im Traume erschienen. Wir
stürzten der Neuankommenden entgegen, meine drei Kameraden und ich.
Ich eilte den anderen voran und wollte der entzückenden Katzendame
mein Kompliment machen, als einer meiner Kameraden mich entsetzlich
50 in den Hals biss. Ich stieß einen Schmerzensschrei aus.
„Bah!", beruhigte mich der alte Kater, indem er mich fortzog: „Du wirst
noch genug andere sehen!"

3. Nach einstündigem Spaziergang spürte ich einen Riesenhunger.
„Was speist man auf den Dächern?", fragte ich meinen Freund,
55 den Kater. „Was man findet", belehrte mich dieser. Diese Antwort brachte
mich in Verlegenheit, denn so eifrig ich auch suchte – ich fand nichts.
Endlich entdeckte ich in einer Dachwohnung eine junge Arbeiterin, die
ihr Essen zubereitete. Auf dem Tisch vor dem Fenster lag ein schönes
Kotelett.

60 Das ist mein Fall, dachte ich in aller Unschuld. Und ich sprang auf den
Tisch und ergriff das Kotelett. Die Arbeiterin aber versetzte mir, sobald
sie mich erblickte, mit dem Besen einen furchtbaren Schlag auf das Fell.
Ich ließ das Fleisch fallen und suchte das Weite.
„Was denkst du nur?", schimpfte der Kater.

65 „Das Fleisch auf den Tischen ist nur dazu da, von Ferne angeschmachtet
zu werden. In den Dachrinnen musst du suchen."
Dass das Fleisch in den Küchen nicht den Katzen gehörte, das war eine
Wahrheit, die mir stets unbegreiflich blieb. Mein Magen begann sich
ernstlich zu beschweren. Der Kater brachte mich vollends zur

70 Verzweiflung, als er meinte, dass man die Nacht abwarten müsse.
In der Nacht würden wir in die Straßen hinabsteigen und die
Abfallhaufen durchwühlen. Die Nacht abwarten – wie ruhig er das sagte,
mit seiner Lebensweisheit! Ich fühlte mich machtlos bei dem bloßen
Gedanken an dieses endlose Fasten.

75 **4.** Langsam kam die Nacht heran, eine Nebelnacht, die mir
die Glieder gefror. Bald fing der Regen zu fallen an; ein feiner
durchdringender, von heftigen Windstößen gepeitschter Regen.
Durch die verglaste Öffnung einer Treppe stiegen wir von unseren
Dächern herab. Wie hässlich die Straße mir erschien! Das war nicht

80 mehr die wohlige Wärme, der helle Sonnenschein, das waren nicht
mehr diese glänzenden Dächer, auf denen sich's köstlich faulenzen ließ.
Meine Pfoten glitten auf dem feuchten Pflaster aus. Wütend und verbittert
dachte ich an meine dreifache Decke und an mein Federkissen.
Kaum waren wir auf der Straße angekommen, als mein Freund,

85 der Kater, zu zittern begann. Er machte sich klein, ganz klein und schlich
verstohlen die Häuser entlang, indem er befahl, ihm so schnell als möglich
zu folgen. In das erste Haustor, das er fand, flüchtete er sich in größter
Eile und ließ ein zufriedenes Brummen hören. Als ich ihn über diese
Flucht befragte, antwortete er mir:

90 „Hast du jenen Mann mit dem Gefäß und dem Haken gesehen?"
„Ja."
„Nun, wenn er uns erblickt hätte, er hätte uns gepackt,
am Spieß gebraten und verspeist."
„Am Spieß gebraten und verspeist!", rief ich. „Aber gehört denn

95 die Straße nicht uns?" Man isst nicht und wird gegessen! ...

5. Indessen hatte man die Abfälle vor den Häusern geleert. Verzweifelt wühlte ich in den Haufen. Ich fand zwei oder drei magere Knochen in Schutt und Asche vergraben. Da verstand ich, wie köstlich das frische Fleisch ist. Mein Freund, der Kater, durchwühlte die Abfallhaufen mit Kennerblick. Bis zum Morgen ließ er mich umherlaufen, hetzte mich über die Straßen. Zehn Stunden lang blieb ich im Regen und zitterte vor Kälte. Verdammte Straße, verdammte Freiheit – wie sehnte ich mich nach meinem Gefängnis!

Als der Tag kam und er mich kraftlos schwanken sah, fragte er mich mit seltsamer Miene: „Hast du genug davon?"

„O ja!", erwiderte ich.

„Du willst nach Hause zurückkehren?"

„Gewiss, aber wie finde ich das Haus wieder?"

„Komm. Als ich dich gestern Morgen von dort herauskommen sah, wusste ich wohl, dass eine fette Katze wie du nicht für die Freiheit geschaffen ist. Ich kenne deine Wohnung, ich will dich bis vor deine Tür führen."

Als wir angelangt waren, sagte er mir Lebewohl, ohne Gefühle zu zeigen.

„Nein!", rief ich, „so können wir uns nicht trennen. Du musst mit mir kommen. Wir wollen dasselbe Bett und dasselbe Fleisch miteinander teilen. Meine Herrin ist eine brave Frau …"

Er ließ mich nicht ausreden.

„Schweig!", sagte er barsch, „du bist ein Narr. In deinem warmen Zuhause ginge ich zugrunde. Euer Treibhausleben ist gut für Katzen, die ein solches Leben bevorzugen und sich daran gewöhnt haben. Freie Katzen wirst du nie mit deinen Leckerbissen und deinen Federkissen in ein Gefängnis locken können – auf Wiedersehen!"

Und er kehrte zufrieden über die Dächer zurück.

Als ich eintrat, ergriff eure Tante die Rute und bestrafte mich, wobei ich eine tiefe Freude empfing. Ich genoss das gute Gefühl, es warm zu haben und geschlagen zu werden. Während sie mich schlug, dachte ich mit Vorfreude an den Braten, den sie mir nachher geben würde.

Das wahre Glück des Paradieses, besteht für mich wohl darin, eingesperrt zu werden und Schläge zu bekommen in einem Raum, in dem sich ein Stück Fleisch befindet.

Ich spreche im Sinne der Katzen.

Émile Zola

Tafelschwamm und Griffelkasten

Die Königin und die Kinderrechte   *NRZ vom 13.09.2009*

von Katrin Martens

Silvia von Schweden besuchte Essen.
Der achtjährige Finn Thieme begleitete sie.

Dass eine Königin nach Essen kommt,
ist nichts Alltägliches, und auch Silvia
5 von Schweden hat zwei gute Gründe:
Vor 20 Jahren haben die Vereinten Na-
tionen die Kinderrechtskonvention ver-
abschiedet, vor zehn Jahren gründete
die Königin die World Childhood Foun-
10 dation – eine Stiftung, die sich welt-
weit für benachteiligte Kinder einsetzt.
Darüber spricht sie im Ratssaal. Finn
kann gar nicht so schnell mitschreiben,
wie die Königin redet. „Jedes Kind soll
15 geschützt werden vor Gewalt", steht in
sauberer Druckschrift auf seinem Block.
Die prominente Rednerin ist längst weiter: „Auf meinen Reisen habe ich immer
Kinder in größter Not sehen müssen. Ir-
20 gendwann kam ich zu einem Punkt, wo
ich mich gefragt habe: Was kann ich tun,
um das zu ändern?", sagt sie. Ihre Stiftung hat schon viel bewirkt. Und doch:
„Das Leid der Kinder ist immer noch
25 zu groß." Silvia von Schweden mahnt,
die Kinderrechte ernst zu nehmen. Die
USA und Somalia haben die UN-Kinder-
rechtskonvention nicht ratifiziert, in vielen weiteren Staaten, darunter Deutsch-
30 land, sind die Rechte nicht im Gesetz
festgeschrieben. Als die Königin appel-
liert, sie ins Grundgesetz aufzunehmen,
wird deutlich, wie sehr ihr die Sache am
Herzen liegt. „Die ist nett", sagt Finn. Er
35 hat sich ein paar Fragen ausgedacht,
die er der Königin stellen will. „Halt dich
bereit", flüstert eine Frau Finn zu. „Nur
eine Frage!" Finn streicht seinen Block
glatt, geht auf die Königin zu. Vor Auf-
40 regung vergisst er fast, was er wissen
will. Dann darf er seine Frage endlich
loswerden: „Warum setzen Sie sich für
Kinderrechte ein?" Die Königin lächelt
den Achtjährigen an und sagt mit zarter
45 Stimme: „Ich möchte, dass jeder über
die Kinderrechte Bescheid weiß, die Eltern, die Lehrer und viele andere Menschen." Und sie gibt ihm die Hand. Am
Handgelenk trägt sie dasselbe Armband
50 wie Finn. Jede Perle steht für ein Kin-
derrecht. „Das Armband heb ich auf",
sagt Finn zufrieden. Und er klappt seinen Block zu.

10 Kinderrechte. Kurz gefasst

1. Alle Kinder haben die gleichen Rechte.
   Kein Kind darf benachteiligt werden.

2. Kinder haben das Recht, gesund zu leben,
   Geborgenheit zu finden und keine Not zu leiden.

3. Kinder haben das Recht, bei ihren Eltern zu leben.
   Leben die Eltern nicht zusammen, haben Kinder das Recht,
   beide Eltern regelmäßig zu treffen.

4. Kinder haben das Recht, zu spielen, sich zu erholen und
   künstlerisch tätig zu sein.

5. Kinder haben das Recht, zu lernen und eine Ausbildung zu
   machen, die ihren Bedürfnissen und Fähigkeiten entspricht.

6. Kinder haben das Recht, bei allen Fragen, die sie betreffen, sich
   zu informieren, mitzubestimmen und zu sagen, was sie denken.

7. Kinder haben das Recht, dass ihr Privatleben und
   ihre Würde geachtet werden.

8. Kinder haben das Recht auf Schutz vor Gewalt,
   Missbrauch und Ausbeutung.

9. Kinder haben das Recht, im Krieg und
   auf der Flucht besonders geschützt zu werden.

10. Behinderte Kinder haben das Recht auf besondere Fürsorge und
    Förderung, damit sie aktiv am Leben teilnehmen können.

Maria aus Peru

Maria ist zehn Jahre alt und wohnt in Pampacancha, einem Dorf in den Anden. Die meisten Bewohner sind Ackerbauern. Marias Eltern leben getrennt. Ihre
5 Mutter wohnt und arbeitet 50 km entfernt in der Stadt Huaraz. Maria und ihr Bruder Eliseo wohnen mit ihrer Oma, zwei Tanten, einem Onkel und zwei Cousins zusammen.

10 Die Regierung möchte, dass die Kinder auf dem Land zur Schule gehen und nicht nur zu Hause arbeiten. Auf der Mauer von Marias Schule steht: Mädchen und Jungen haben ein Recht auf
15 Bildung.

In der Pause bekommen die Kinder Sojamilch und Brot, das mit Vitaminen angereichert ist. Das ist ihre erste Mahlzeit am Tag. Sie wird von der Regierung be-
20 zahlt. Das Essen ist ein guter Grund für den Schulbesuch.

Fundi aus Südafrika

Fundi ist zwölf und geht auf ein Internat in Richmond in Südafrika. Sie ist immer drei Wochen in der Schule, dann besucht sie ihre
5 Familie.

Um 6 Uhr wacht Fundi auf. Zum Frühstück isst sie Eier und Brei. Normalerweise trägt sie eine Schuluniform.
Im Schlafsaal schlafen zehn Mädchen. Um 20:30
10 Uhr wird das Licht ausgemacht und sie dürfen nicht mehr reden. Es ist nicht leicht, immer gleich einzuschlafen.
Für jedes (Unterrichts-)Fach gibt es einen anderen Lehrer. Fun-
15 di mag alle. Miss Mkhize unterrichtet Zulu und Korbball. In Fundis Klasse gehen 27 Kinder. Fast
20 die Hälfte sind Internatsschüler.

Lukasi aus Kanada

Lukasi hat es nicht weit zur Schule. Er geht auch bei schlechtem Wetter dorthin. In zehn
10 Minuten ist er im Klassenzimmer.
Manche Kinder kommen mit (solch) einem gelben Schulbus. Im Umkreis von 8 km sammelt der Bus alle Kinder ein. Ab und zu fällt der Unterricht aus, weil es stürmt, aber nie,
15 weil es zu kalt ist.

Der zehnjährige Lukasi lebt in Kuujjuaq, dem größten Inuit-Dorf in Quebec in Kanada. Hier gibt es extreme Temperaturen: Im Winter fällt
5 das Thermometer bis auf -23 °C.
Die Sommer sind mit rund 11 °C vergleichsweise mild.

In Lukasis Klasse sind fünf Jungen und 13 Mädchen zwischen acht und zwölf Jahren. Es gibt keine Schuluniformen.

Jiyu aus China

Jiyu ist neun. Er lebt in der Stadt Zhu Jia Jiao, die etwa 50 km westlich von Shanghai
5 liegt. Er geht zu Fuß zur Schule. Jede Klasse hat 40 Kinder. Jiyu sitzt neben seinem besten Freund.
10 Wenn er groß ist, möchte er der beste Lehrer der Stadt werden.
In der Vormittags- und Nachmittagspause machen die Kinder Augenübungen. Zu leiser Musik werden vier verschie-
15 dene Bewegungen ausgeführt, die den Augen helfen, sich zu entspannen.

Als Schuluniform tragen die Jungen einen blauen, die Mädchen einen roten
20 Trainingsanzug. Der rote Schal erinnert an die chinesische Flagge.

Milena und die tollste Schule der Welt

Trübselig saß sie im Bus. Er kam ihr vor wie eine große Maschine,
die Milena aus dem Weg räumte, damit Kim und Sarah sich ungestört
treffen konnten. Wahrscheinlich hatten sie sich für einen gemeinsamen
Schulweg verabredet und nachher in der großen Pause würden sie
5 zusammen zwei Nussschnecken kaufen, während Milena im Gang der
Louisenthalschule Schmiere stehen musste! Für eine eklige Maus!
Wenig später schlappte sie ins Klassenzimmer und sah missmutig zu
Peffis Bank. Musste sie jetzt beim Maus-Umzug helfen? Aber Peffis
Stuhl war leer. Sie war wegen einer schweren Erkältung entschuldigt.
10 Immerhin etwas, dachte Milena zuerst. Aber dann fühlte sie sich ohne
Peffi ziemlich allein. In der großen Pause sah sie Tammi und Sue.
Die beiden saßen auf einer Bank und quatschten. Besser gesagt:
Tammi quatschte und Sue schaute verträumt in der Gegend herum.
„Hallo!", rief Milena erfreut. Tammi und Sue hoben die Köpfe und
15 riefen freundlich: „Hallo!" Dann quatschten sie weiter. Milena blieb
unschlüssig stehen. Eine Einladung, sich dazuzusetzen, war das ja
wohl kaum gewesen. Sie drehte um und ging aufs Klo.
In der Mittagspause fragte sie Simon, ob er mit ihr zum Essen ginge.
„Nee", sagte er freundlich und öffnete seine Aktentasche. „Ich hab mir
20 extra ein Brot mitgenommen, damit ich die ganze Mittagspause
im Computerraum Schach spielen kann!"
Milena trottete alleine in die Mensa. Sie fand noch einen Platz an
einem Tisch mit großen Jungs. Da schaufelte sie dann die Spaghetti
in sich hinein und sehnte sich nach Sarah!

25 Wenn Sarah auf die Louisenthalschule ging, dann wäre alles gut.
Dann hätte sie eine Freundin – und zwar eine ohne Maus. Und
außerdem könnte Sarah sich dann nicht mit Kim befreunden. Was die
beiden jetzt wohl gerade machten?! Vielleicht aß Kim ja bei Sarah zu
Mittag! Oder sie hatten sich für den Nachmittag verabredet!
30 Heute war Donnerstag und donnerstags war Teenie-Treff im Jugend-
klub. Da durften schon Zehnjährige hin!
Milena ließ die Hälfte der Spaghetti liegen, so eng wurde ihr Hals.
Als sie die Gabel beiseite gelegt hatte, wusste sie nicht, was tun.
Die Theatergruppe traf sich erst wieder am Mittwoch. Sie hätte in die

Schülerbücherei gehen können oder in die Turnhalle zum Ballspielen oder sonst irgendetwas. Aber alleine?

Die Jungs standen auf und gingen und auch die anderen Tische leerten sich. Irgendwann saß nur noch Milena in dem großen Raum. Da kam jemand zu ihr.

Es war die freundliche, dunkelhaarige Frau, die ihr vorhin die Spaghetti auf den Teller geladen hatte. Sie trug Schürze und Kochmütze und stütze jetzt die Hände auf Milenas Tisch. Schnell beugte sich Milena über ihren Teller.

„Noch nicht fertig?"

„Doch, doch", antwortete Milena und beeilte sich, ihr Geschirr aufs Tablett zu räumen.

„Warum sitzt du noch hier? Stimmt etwas nicht?"

Jetzt sah Milena auf. Sie blickte in zwei warme dunkle Augen. Das Gesicht drum herum glich einem leckeren Apfel: prall und rotbackig. Am liebsten wollte man es anfassen.

„Na ja", druckste Milena herum, „nur so".

Die Frau lächelte freundlich und ihre Wangen wurden dabei noch ein bisschen praller und glänzender. „Bist wohl neu?"

„Ja", murmelte Milena, „in der 5b."

„Hast noch keine Freundin?"

„Hmm, vielleicht schon, aber sie ist krank."

Die Frau zog sich einen Stuhl vor und setzte sich neben Milena: „Ich bin Frau Yüksel, die Köchin. Und du?"

„Milena. Milena Weinlaub."

„Und jetzt willst du hier sitzen bleiben, bis deine Freundin wieder gesund ist?"

Milena musste lachen. „Nein, natürlich nicht!"

Sie stand auf und wollte gehen.

„Du kannst ruhig bleiben. Du störst nicht. Wir müssen nur noch in der Küche aufräumen. Wenn du willst, kannst du mitkommen und uns ein wenig Gesellschaft leisten."

Milena wollte. Sogar sehr gern. Bei Frau Yüksel fühlte sie sich irgendwie so aufgehoben. Hier musste sie nicht wild und mutig wirken.

Sie ging hinter Frau Yüksel her und setzte sich in der Küche auf eine
70 Arbeitsfläche.

Zwei andere Frauen mit weißen Schürzen und Hauben brachten auf einem
Wagen das dreckige Geschirr herbei und räumten es in riesige Spülmaschinen.
Frau Yüksel nickte ihnen zu und wandte sich wieder an Milena.

„Und sonst? Wie gefällt es dir? Ist niemand sonst aus deiner alten Klasse
75 mit auf unsere Schule gekommen?"

Milena schüttelte den Kopf. Frau Yüksel reichte ihr eine Schale mit Keksen.

„Vermisst du deine alten Freundinnen?"

Milena nickte. „Vor allem eine: Sarah!" Es tat gut, darüber zu reden, und
das Beste war, dass Frau Yüksel sie verstand. Sie wiegelte nicht ab und sagte:
80 „Bestimmt findest du bald neue Freundinnen", sondern sie legte die Stirn in
Falten und wiegte den Kopf hin und her.

„Ja, das ist nicht leicht", meinte Frau Yüksel. „Hülya hatte auch eine andere
Freundin."

„Wer ist Hülya?"
85 „Meine Tochter. Sie geht auch hier zur Schule. In die elfte Klasse."
Frau Yüksel verstaute klappernd riesige Metallschüsseln im Schrank und
sah Milena dann lächelnd an. „Ihr gefällt es sehr gut."

„Was ist mit ihrer Freundin?"

„Mit Johanna? Die beiden sind immer noch gut befreundet.
90 Sie sehen sich am Abend oder am Wochenende.
Vielleicht könntest du das mit deiner Freundin auch so machen?"

Am Abend und am Wochenende, dachte Milena.

„Das ist nicht dasselbe."

„Nein, dasselbe ist es nicht", meinte Frau Yüksel.
95 „Aber es muss ja nicht immer alles dasselbe bleiben."

Meike Haas

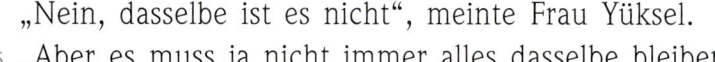

Umstandsbestimmung des Ortes

An
auf
hinter
neben
5 in.
Ich sitz in meiner Stube drin,
muss büffeln und schnüffeln
an auf und in.
Muss zischen und mischen
10 an auf und zwischen
und ging doch viel lieber
auf hinter und über
den Zaun und das Tor
in zwischen und vor.

15 Über
unter
vor und zwischen.
Ich muss es von der Tafel wischen.
Das Ganze noch mal: An auf im
20 vor über unter. Es ist schlimm.
Viel lieber ging ich vor, statt neben.
Ach, welch ein Über-, Unter-, Vor- und
Innenleben.

Hildegard Wohlgemuth

Schule ohne Noten

Seit ihrer Einführung vor mehr als 100 Jahren sind Zensuren umstritten. Viele Lehrer und Eltern wollen jedoch an ihnen festhalten. Dabei gibt es längst andere Arten der Leistungsbewertung.

Wusstet ihr, dass schwedische Schüler bis zur achten Klasse keine Noten
5 bekommen?
Jedes Jahr das Gleiche: Gegen Ende des Schuljahres beginnen so einige deutsche Schüler zu zittern: Werden die Noten ausreichen, um in die nächste Klasse zu kommen? Wie viele Vieren sind es dieses Jahr geworden? Gibt es Ärger zu Hause wegen schlechter Noten? Schwedische
10 Schüler kennen solche Sorgen nicht. Sie bekommen bis zur achten Klasse nämlich gar keine Noten. Überhaupt machen unsere skandinavischen Nachbarn in der Schule so einiges anders:
In Schweden gehen alle Schüler bis zur zehnten Klasse in dieselbe Schule. Danach können sie sich entscheiden, ob sie weitermachen und
15 aufs Gymnasium gehen. Das machen aber die meisten: Neun von zehn Schülern machen Abitur. Auch der Schulalltag ist in Schweden ganz anders als bei uns: An manchen Schulen entwirft jeder Schüler zu Beginn der Woche zusammen mit seinem Lehrer einen eigenen Lernplan. Da schreibt er rein, was er diese Woche lernen möchte und wie er es
20 lernen will. Die Schüler können sich Wissen selbst erarbeiten, mit anderen in der Gruppe lernen oder sich von den Lehrern den Stoff erklären lassen. Was sie davon machen, können sie selbst entscheiden.

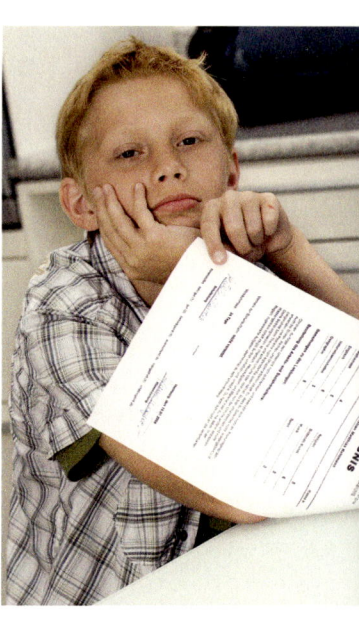

Noten bekommen die schwedischen Schüler dann aber keine. Erst in der achten Klasse wird für jeden Schüler ein Zeugnis geschrieben. Und das
25 funktioniert? Ja, denn Schweden gehört mit zu den Besten bei den PISA-Tests. Komisch – man hört doch immer wieder, dass Schüler ohne Noten nicht lernen würden. Aber vielleicht ist es ja so, dass das Lernen endlich Spaß macht, wenn man nicht ständig Angst vor schlechten Noten haben muss.
30 Schwedische Schüler haben viel mehr Eigenverantwortung und sie wissen sie – wie PISA zeigt – auch zu nutzen.

Anna Sandner

Schulstreich mit Folgen

Während Martin vor der Tür gewartet hatte, war etwas Haarsträuben-
des geschehen! Ein paar Externe, von Georg Kunzendorf angestiftet,
hatten Uli in den Papierkorb gesetzt und den Papierkorb an den zwei
Haken, die zum Aufhängen der Landkarten dienten, hochgezogen.

5 Matthias war von den vier Jungen in der Bank festgehalten worden.
Und nun hing Uli oben unter der Zimmerdecke und schaute mit
knallrotem Kopf aus dem Körbchen. Martin wäre fast in Ohnmacht
gesunken.

Professor Kreuzkamm tat, als bemerke er den skandalösen Tatbestand

10 überhaupt nicht, sondern setzte sich gleichmütig hinters Katheder,
knüpfte Martins Taschentuch, das vor ihm lag, auf und betrachtete
die Asche. „Was soll das darstellen?", fragte er.

„Das sind unsere Diktathefte", antwortete Martin betreten.

„Aha", sagte der Professor. „Kaum zum Wiedererkennen. – Wem

15 wurden übrigens gestern Mittag die Hefte anvertraut?"

Rudi Kreuzkamm, der Sohn des Professors, stand auf.

„Konntest du die Hefte nicht besser verteidigen?"

„Leider nein", meinte Rudi. „Es waren ungefähr zwanzig Jungens,
die den Fridolin und mich überfielen. Und bevor sie die Hefte

20 verbrannten, wurde ich von ihnen in einem Keller
mit einer Wäscheleine gefesselt."

„Wie lange warst du denn in dem Keller?", fragte der Vater.

„Bis gegen vier Uhr."

„Haben deine Eltern etwas bemerkt?"

25 „Nein", antwortete Rudi.

„Das scheinen ja nette Eltern zu sein",
meinte der Professor ärgerlich.

Ein paar Schüler lachten.

Es war aber auch komisch,

30 dass der Professor
auf sich selbst schimpfte.

„Haben sie dich denn nicht beim Essen vermisst?", fragte er.

„Nein", erwiderte Rudi. „Man erzählte ihnen, dass ich bei einem Kameraden eingeladen sei."

35 Der Professor nickte streng: „Richte deinem Vater einen schönen Gruß von mir aus, und er solle künftig gefälligst besser auf dich aufpassen!" Nun lachte die ganze Klasse. Außer Uli. Und außer dem Lehrer.

„Ich werde es meinem Vater bestellen", entgegnete Rudi Kreuzkamm. Und da lachten sie wieder.

40 „Feine Zustände sind das bei euch", sagte der Professor. „Martins Liste brauche ich übrigens nicht. Ich habe sämtliche Zensuren noch einmal in meinem Notizheft stehen.

Aber ich werde die beiden Listen miteinander vergleichen. Hoffentlich hat niemand gemogelt. Na, das wird sich ja herausstellen: Bei dem

45 nächsten Unfug, den ihr anstellt, brumme ich euch ein Diktat auf, dass euch Hören und Sehen vergeht."

Wie auf Kommando starrten alle zu Uli hinauf. Das konnte ja heiter werden!

„Was soll eigentlich der Papierkorb an der Zimmerdecke?", fragte

50 der Professor. „Lasst doch endlich diese Albernheiten!"

Ein paar Jungen sprangen hoch, um den Papierkorb herabzulassen.

„Nein!" rief der Professor streng. „lasst ihn nur ruhig hängen! Das hat ja Zeit." Sollte er wirklich nicht gemerkt haben, dass Uli darin saß?

55 „Wir wollen", sagte er, „ehe wir fortfahren, nur noch rasch ein paar Wörter aus dem gestrigen Diktat durchgehen. Wie schreibt man Vertiko? Sebastian!"

Sebastian Frank schob sein Buch über die Vererbungslehre unter die Bank und buchstabierte das Wort.

60 Er buchstabierte es richtig.

Der Professor nickte.

„Und wie wird Grammophon geschrieben? Uli!"

Die ganze Klasse erstarrte vor Schreck.

Der Professor trommelte nervös mit den Fingern

65 auf dem Katheder.

„Na, wird's bald, Simmern? Los, los!"

Da ertönte es zitternd aus dem Papierkorb: „G...r...a...m...m...“
Weiter kam Uli nicht. Magisch angezogen, blickte der Professor nach oben und stand auf.

70 „Seit wann ist denn dieses Zimmer ein Rummelplatz? Willst du mir erklären, was du in der albernen Luftschaukel zu suchen hast? Bei euch piept's wohl? Komm auf der Stelle herunter!“

„Ich kann nicht“, sagte Uli.

„Wer war das?“, fragte der Professor. „Schon gut, ihr verratet es ja
75 doch nicht. Matthias!“

Matz stand auf. „Warum hast du das nicht verhindert?“

„Es waren zu viele“, erklärte Uli aus den Lüften.

„An allem Unfug, der passiert, sind nicht etwa nur die schuld, die ihn tun, sondern auch die, die ihn nicht verhindern“, erklärte der Profes-
80 sor. „Diesen Satz schreibt jeder bis zur nächsten Stunde fünfmal auf!“

„Fünfzigmal?“, fragte Sebastian spöttisch.

„Nein, fünfmal“, erwiderte der Professor, „Wenn man einen Satz fünfzigmal aufschreibt, hat man ihn zum Schluss wieder vergessen.
Nur Sebastian Frank schreibt ihn fünfzigmal auf. Wie lautet der Satz,
85 Martin?“

Martin sagte: „An allem Unfug, der passiert, sind nicht etwa nur die schuld, die ihn tun, sondern auch die, die ihn nicht verhindern.“

„Wenn du wüsstest, wie recht du hast!“, meinte der Professor und lehnte sich zurück. „Das war der erste Teil der Tragödie. Nun angelt
90 mal den Kleinen aus der Luftschaukel!“

Matthias stürzte nach vorn. Einige andere Jungen folgten.

Und schließlich hatte Uli wieder festen Boden unter den Füßen.

„Und jetzt“, sagte der Professor, „folgt der Tragödie zweiter Teil.“

Und dann gab er ihnen ein Diktat, dass es rauchte. Fremdwörter,
95 Groß- und Kleinschreibung, schwierige Interpunktion, – es war glatt zum Verzweifeln. Die Tertianer schwitzten eine halbe Stunde lang Blut.
Trotz des Winters und des Schnees. Von diesem Diktat sprach man übrigens noch nach Jahren. Die beste Zensur war die Drei gewesen.

Erich Kästner

Hexenmeister und Hobbits

Alice im Wunderland erschien erstmals 1865 in Großbritannien. Es schildert die verrückten Erlebnisse der kleinen Alice in einem unterirdischen Land, das von einer Vielzahl merkwürdiger Figuren bevölkert ist. Lewis Carroll war sich nicht sicher, ob er sein Buch veröffentlichen sollte. Aber nachdem der Sohn eines Freundes hellauf begeistert auf die Geschichte reagiert hatte, wurde „Alice im Wunderland" gedruckt. Das Buch fand gleich nach seinem Erscheinen großen Anklang und viele begeisterte Leser.

Der Zauberer von Oz ist ein Kinderbuch des US-amerikanischen Schriftstellers Lyman Frank. Wegen des großen Erfolges schrieben Baum und andere Autoren zahlreiche Fortsetzungen. Die erste Übersetzung ins Deutsche erschien 1940 in der Schweiz.
Viele US-Amerikaner sind mit dieser Erzählung aufgewachsen und mit ihr so vertraut wie deutschsprachige Mitteleuropäer mit den Märchen von Hänsel und Gretel oder Rotkäppchen.

Peter Pan, die Hauptfigur in einigen Kindergeschichten von James Matthew Barrie, ist ein Kind, das niemals erwachsen wird.
Peter Pan diente mehrfach als Vorlage für Zeichentrick- und Realfilme, erstmals bereits im Jahr 1924. Einer der bekannteren Zeichentrickfilme stammt von Disney aus dem Jahr 1953. Alle Rechte an den Büchern, Filmen und Theaterstücken vermachte der Schöpfer von Peter Pan einem Londoner Kinderkrankenhaus. Das gilt bis heute.

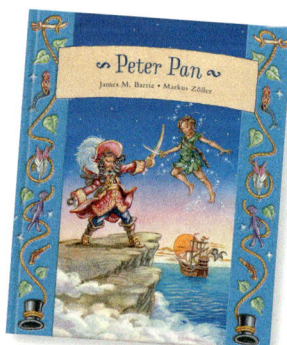

Der 35. Mai oder Konrad reitet in die Südsee von Erich Kästner wurde 1932 veröffentlicht. Schon der Titel verrät, dass an diesem 35. Mai verrückte Dinge passieren. Der Junge Konrad besucht jeden Donnerstag seinen Onkel, den Apotheker Ringelhuth. Da Konrad in der Schule gut in Mathematik ist, soll er einen Aufsatz über die Südsee schreiben, damit seine Fantasie angeregt wird. Und damit nehmen die Ereignisse ihren Lauf ...

Die Chroniken von Narnia ist eine sieben Bücher umfassende Serie von Fantasyromanen, die zwischen 1950 und 1956 vom britischen Schriftsteller Clive Staples Lewis geschrieben wurden. Sie stellen sein mit Abstand bekanntestes Werk dar.

Bislang wurden mehr als 95 Millionen Exemplare verkauft und die Bücher in 41 Sprachen übersetzt. Des Weiteren gibt es zahlreiche Überarbeitungen für Radio, Fernsehen, Theater und Kino.

Christine Nöstlinger zählt mit über 100 Büchern zu den bekanntesten und einflussreichsten Kinderbuchautorinnen des deutschen Sprachraums. Ihr Werk wurde in zahlreiche Sprachen übersetzt und mit international renommierten Preisen ausgezeichnet.

Wir pfeifen auf den Gurkenkönig ist ein fantastischer Kinderroman aus dem Jahr 1972. Die Autorin gewann für dieses Buch den „Deutschen Jugendliteraturpreis".

Die unendliche Geschichte (erschienen 1979) ist normalerweise nicht schwarz gedruckt. Die meisten Ausgaben verwenden zwei Schriftfarben. Eine Farbe steht dabei für Handlungsstränge, die in der Menschenwelt angesiedelt sind, die andere Farbe für die Geschehnisse in Phantasien, dem Reich der Fantasie. Dies erleichtert den Zugang zur Handlung, da die Hauptperson, ein zehnjähriger Junge namens Bastian Balthasar Bux, sich zwischen beiden Welten bewegt.

Drachenreiter ist ein Fantasyroman der deutschen Autorin Cornelia Funke aus dem Jahr 1997. Das Buch errang unter dem Titel „Dragon Rider" im September 2004 den ersten Platz der New York Times Bestsellerliste. Er ist damit schon der dritte Bestseller von Cornelia Funke in den USA.

Aus dem 448-seitigen Roman wurde vom „Jungen Theater Bonn" im Jahr 2005 ein zweistündiges Theaterstück gemacht. Seit 2007 läuft die Produktion auch in Berlin.

Igraine Ohnefurcht

Während ihre Eltern und ihr Bruder Albert kenntnisreiche Zauberer sind,
möchte Igraine unbedingt Ritterin werden. Für Igraines 10. Geburtstag
hat sich ihre Familie etwas Besonderes ausgedacht.

Mitten in der Nacht schrak Igraine davon auf, dass Albert die Tür aufstieß
5 und mit einer Laterne in ihr dunkles Zimmer trat.
„Was ist?", fragte Igraine verschlafen und schob ihren Kater Sisifus von
ihrem Bauch herunter. Albert räusperte sich verlegen und strich sich rosa
Puderzucker aus dem wirren Haar. „Ähm, ja, also", er räusperte sich noch
einmal, „es ist uns da ein kleiner Zauberfehler unterlaufen, ein Versprecher,
10 so was kann passieren, weißt du …"
Wie der Blitz sprang Igraine aus dem Bett, lief zum Fenster und sah hinaus.
Aber der Burghof lag ganz friedlich und still im Mondlicht, und der Turm
war auch nicht schiefer als sonst.
„Was für ein Fehler?", fragte sie und drehte sich misstrauisch zu Albert um.
15 „Ist mein Geburtstagsgeschenk geplatzt?"
„Oh nein. Nein, nein!", antwortete Albert hastig. „Dein Geburtstagsgeschenk ist
fertig. Es ist – ähm – es ist wunderbar geworden, nur, nur …", er fuhr sich
schon wieder durchs Haar, „nur als wir ihm den letzten Schliff geben wollten,
da hat Mama sich versprochen, und da ist es eben passiert."
20 „Was?", rief Igraine. „Was ist passiert, zum Teufel?"
„Das wirst du gleich sehen", sagte Albert, nahm ihre Hand und zog sie hinter
sich her durch die stockdunkle Burg und die Turmtreppen hinauf, bis sie vor
der Tür des Zauberzimmers standen. Mit zerknirschter Miene stieß Albert sie auf.
Die Zauberbücher liefen in heller Aufregung durcheinander, fuchtelten mit den
25 Armen und brabbelten vor sich hin. Zwischen Gläsern voller Blätter, Blüten und
zermahlenen Steinen standen zwei Schweine, ein schwarzes und ein rosarotes.
„Hallo, Honigkind", sagte das schwarze Schwein mit der wunderbar weichen
Stimme ihrer Mutter, der schönen Melisande.
„Ziemlicher Schlamassel das, was?", sagte das rosa Schwein mit der Stimme
30 von ihrem Vater, Sir Lamorak.
Igraine schnappte nach Luft, riss die Augen so weit auf, dass sie ihr fast aus
dem Kopf sprangen – und brachte keinen Ton heraus.
„Dein Geschenk hatten wir zum Glück schon so gut wie fertig", sagte Sir Lamorak.

„Es fehlte nur noch eine Kleinigkeit. Seid doch bitte mal still, Bücher!"

35 Die Zauberbücher setzten sich beleidigt auf den Teppich und schmollten.

„Sieh mal, Honigkind", sagte das schwarze Schwein und trippelte zu einem riesigen Paket, das in Sir Lamoraks Zaubersessel lag. „Albert hat es noch schnell verpackt, bevor er dich geweckt hat. Willst du es jetzt oder nach dem Frühstück auswickeln?"

40 Verdattert guckte Igraine erst das riesige Paket und dann ihre borstige, ringelschwänzige Mutter an. „Ich pack es lieber aus, wenn ihr euch wieder zurückverwandelt habt, Mama", sagte sie.

Die Zauberbücher brachen in spöttisches Gelächter aus.

„Tja, mein Kind", grunzte Sir Lamorak und kratzte sich mit dem Hinterlauf

45 etwas ungeschickt die Rüsselnase. „Da gibt es ein klitzekleines Problem. Wir mussten leider feststellen, dass das Glas für die roten Riesenhaare leer ist."

„Vollkommen leer", fügte die schöne Melisande mit einem Seufzer hinzu.

„Und was bedeutet das?", fragte Igraine beunruhigt. Sie konnte sich einfach nicht merken, wozu all die Zauberzutaten gebraucht wurden.

50 „Wir haben Albert bereits vor zwei Monaten darauf aufmerksam gemacht, dass das Glas leer ist", mäkelte ein dickes, goldenes Zauberbuch. „Aber er ist ja so nachlässig. Auf diese Weise wird er nie ein guter Zauberer."

Die anderen Bücher stießen sich an und nickten hämisch.

„Ja, schon gut. Ich hätte sie gleich besorgen müssen!" Albert warf

55 den Büchern einen bösen Blick zu. „Aber Riesenhaare wachsen ja nicht gerade an jedem Burggraben, oder?"

„Aber was bedeutet das nun?", rief Igraine ungeduldig.

Albert räusperte sich verlegen. „Ohne Riesenhaare", sagte er, „bleiben unsere Eltern Schweine."

60 „Ohne Zweifel", quäkte das kleinste Zauberbuch. „Nichts zu machen, aus, vorbei."

„Was?", rief Igraine entgeistert. „Wollt ihr damit sagen, dass von jetzt an zwei Schweine meine Eltern sind?"

„Es ist nicht unangenehm, ein Schwein zu sein, Honigkind", antwortete die schöne Melisande, die immer noch wunderschöne blaue Augen hatte.

65 „Also, wenn es dich nicht allzu sehr stört …"

„Na ja, allzu sehr nicht", murmelte Igraine und guckte auf ihre Eltern herab. Plötzlich musste sie grinsen.

„Ihr seht komisch aus", sagte sie. „Vor allem du, Papa. Rosa steht dir."

„Oh, danke", sagte Sir Lamorak und scheuerte sich verlegen den Rüssel am Stuhl.

70 „Könnte ich diese Riesenhaare nicht irgendwo besorgen?", fragte Igraine.
„Wo habt ihr sie denn früher herbekommen?"
„Oh, es gibt einige Riesen hier in der Nähe", antwortete ihr Vater.
„Aber das bedeutet einen langen Ritt für dich, und die Zeiten sind wild
und gefährlich."

75 „Na und?" Igraine zuckte die Achseln. „Ich hab euch doch schon öfter
Zauberzutaten besorgt. Das mach ich doch gerne."
„Lasst uns das später besprechen", sagte die schöne Melisande.
„Jetzt sollten wir alle schlafen gehen. Was meinst du, Lamorak,
haben wir es im Pferdestall gemütlicher oder unten vor dem Kamin?"

80 „Ich bevorzuge den Pferdestall", antwortete Sir Lamorak leise.
Also brachten Albert und Igraine ihre Eltern in den Pferdestall.
Sie machten ihnen ein gemütliches Lager aus frischem Stroh
und dann ließen sie sie allein – mit den Pferden,
die missbilligend auf ihre neuen Stallgenossen herabsahen

85 und ziemlich dumm dreinschauten, als die Schweine sich
mit den Stimmen von Sir Lamorak und der schönen Melisande
zu unterhalten begannen.

Cornelia Funke

Der Zauberlehrling

Hat der alte Hexenmeister
sich doch einmal wegbegeben!
Und nun sollen seine Geister
auch nach meinem Willen leben.
5 Seine Wort und Werke
merkt ich und den Brauch,
und mit Geistesstärke
tu ich Wunder auch.

Walle! walle
10 manche Strecke,
dass, zum Zwecke,
Wasser fließe
und mit reichem, vollem Schwalle
zu dem Bade sich ergieße.

15 Und nun komm, du alter Besen!
Nimm die schlechten Lumpenhüllen;
bist schon lange Knecht gewesen:
nun erfülle meinen Willen!
Auf zwei Beinen stehe,
20 oben sei ein Kopf,
eile nun und gehe
mit dem Wassertopf!

Walle! walle
manche Strecke,
25 dass, zum Zwecke,
Wasser fließe
und mit reichem, vollem Schwalle
zu dem Bade sich ergieße.

Seht, er läuft zum Ufer nieder,
30 wahrlich! ist schon an dem Flusse,
und mit Blitzesschnelle wieder
ist er hier mit raschem Gusse.
Schon zum zweiten Male!
Wie das Becken schwillt!
35 Wie sich jede Schale
voll mit Wasser füllt!

Stehe! stehe!
denn wir haben
deiner Gaben
40 vollgemessen! –
Ach, ich merk es! Wehe! wehe!
Hab ich doch das Wort vergessen!

Ach, das Wort, worauf am Ende
er das wird, was er gewesen.
45 Ach, er läuft und bringt behände!
Wärst du doch der alte Besen!
Immer neue Güsse
bringt er schnell herein,
ach! und hundert Flüsse
50 stürzen auf mich ein.

O du Ausgeburt der Hölle!
Soll das ganze Haus ersaufen?
Seh ich über jede Schwelle
60 doch schon Wasserströme laufen.
Ein verruchter Besen,
der nicht hören will!
Stock, der du gewesen,
steh doch wieder still!

Seht da kommt er schleppend wieder!
Wie ich mich nur auf dich werfe,
gleich, o Kobold, liegst du nieder;
krachend trifft die glatte Schärfe.
75 Wahrlich, brav getroffen!
Seht, er ist entzwei!
Und nun kann ich hoffen,
und ich atme frei!

85 Und sie laufen! Nass und nässer
wirds im Saal und auf den Stufen.
Welch entsetzliches Gewässer!
Herr und Meister! hör mich rufen! –
Ach, da kommt der Meister!
90 Herr, die Not ist groß!
Die ich rief, die Geister,
werd ich nun nicht los.

Johann Wolfgang von Goethe

Nein, nicht länger
kann ichs lassen;
will ihn fassen.
Das ist Tücke!
55 Ach! nun wird mir immer bänger!
Welche Mine! welche Blicke!

65 Willst am Ende
gar nicht lassen?
Will dich fassen,
will dich halten
und das alte Holz behände
70 mit dem scharfen Beile spalten.

Wehe! wehe!
80 Beide Teile
stehn in Eile
schon als Knechte
völlig fertig in die Höhe!
Helft mir, ach! ihr hohen Mächte!

„In die Ecke,
Besen, Besen!
95 Seids gewesen.
Denn als Geister
ruft euch nur zu diesem Zwecke,
erst hervor der alte Meister."

Alles über Hobbits

In einer Höhle in der Erde, da lebte ein Hobbit. Nicht in einem
schmutzigen, nassen Loch, in das die Enden von irgendwelchen
Würmern herabbaumelten und das nach Schlamm und Moder roch.
Auch nicht etwa in einer trockenen Kieshöhle, die so kahl war,
5 dass man sich nicht einmal niedersetzen oder gemütlich frühstücken
konnte. Es war eine Hobbithöhle, und das bedeutet Behaglichkeit.
Diese Höhle hatte eine kreisrunde Tür wie ein Bullauge. Sie war grün
gestrichen, und in der Mitte saß ein glänzend gelber Messingknopf.
Die Tür führte zu einer röhrenförmig langen Halle, zu einer Art Tunnel,
10 einem Tunnel mit getäfelten Wänden. Der Boden war mit Fliesen und
Teppichen ausgelegt, es gab Stühle da von feinster Politur und an den
Wänden Haken in Massen für Hüte und Mäntel, denn der Hobbit hatte
Besucher sehr gern. Der Tunnel wand und wand sich, führte aber nicht
tief ins Innere des Berges hinein, den alle Leute viele Meilen weit rund
15 im Lande schlechthin „den Berg" nannten. Zahlreiche kleine, runde Türen
öffneten sich zu diesem Tunnel, zunächst auf der einen Seite und dann
auch auf der anderen.
Treppen zu steigen brauchte der Hobbit nicht: Schlafräume, Badezimmer,
Keller, Speisekammern (eine Masse von Speisekammern), Kleiderschränke
20 (ganze Räume standen ausschließlich für die Unterbringung seiner Garde-
robe zur Verfügung), Küchen, Esszimmer – alles lag an demselben langen
Korridor. Die besten Zimmer lagen übrigens auf der linken Seite (wenn
man hereinkommt), denn ausschließlich diese hatten Fenster, tiefgesetzte,
runde Fenster, die hinaus auf den Garten blickten und über die Wiesen,
25 die sich gemächlich hinab bis zum Fluss neigten.
Dieser Hobbit war ein sehr wohlhabender Hobbit, und sein Name war
Beutlin. Die Beutlins hatten seit undenklichen Zeiten in der Nachbarschaft
des „Berges" gelebt, und die Leute hielten sie für außerordentlich achtbar –
nicht nur weil die meisten der Beutlins reich, sondern weil sie noch nie
30 in ein Abenteuer verstrickt gewesen waren und nie etwas Unvorherge-
sehenes getan hatten. Man konnte im Voraus sagen, was ein Beutlin auf
eine Frage antworten würde, ohne dass man sich die Mühe
machen musste, diese Frage wirklich zu stellen. Dies hier aber ist
eine Geschichte von einem Beutlin, der trotzdem Abenteuer erlebte

und sich selbst über völlig unvorhergesehene Fragen reden hörte.
Vielleicht verlor er bei seinen Nachbarn an Ansehen, aber er gewann –
nun, ihr werdet ja sehen, ob er am Ende überhaupt etwas gewann.

Die Mutter unseres Hobbits – was ist eigentlich ein Hobbit? Ich glaube,
dass die Hobbits heutzutage einer Beschreibung bedürfen, da sie selten
geworden sind und scheu vor den „Großen Leuten", wie sie uns
zu nennen pflegen.
Sie sind (oder waren) ungefähr halb so groß wie wir und kleiner als
die bärtigen Zwerge (sie tragen jedoch keine Bärte).
Es ist wenig, sozusagen gar nichts von Zauberei an ihnen, ausgenommen
die alltägliche Gabe, rasch und lautlos zu verschwinden, wenn großes
dummes Volk wie du und ich angetapst kommt und Radau macht wie
Elefanten, was sie übrigens eine Meile weit hören können. Sie neigen
dazu, ein bisschen fett in der Magengegend zu werden. Sie kleiden sich
in leuchtende Farben (hauptsächlich in Grün und Gelb). Schuhe kennen
sie überhaupt nicht, denn an ihren Füßen wachsen natürliche, lederartige
Sohlen und dickes, warmes, braunes Haar, ganz ähnlich wie das Zeug auf
ihrem Kopf (das übrigens kraus ist). Die Hobbits haben lange, geschickte,
braune Finger, gutmütige Gesichter, und sie lachen ein tiefes, saftiges
Lachen (besonders nach den Mahlzeiten; Mittagessen halten sie zweimal
am Tag, wenn sie es bekommen können). Nun, das sei vorerst genug,
und wir wollen fortfahren.
Bilbo Beutlin hieß unser Hobbit, und seine Mutter war die berühmte
Belladonna Tuk, eine der drei ausgezeichneten Töchter des alten Tuk.
Der alte Tuk war das Haupt der Hobbits, die jenseits des „Wassers"
wohnten, des schmalen Flusses am Fuß des Berges. Es wurde oft
gemunkelt, dass vor langer Zeit einmal ein Tuk eine Fee geheiratet hätte.
Das war natürlich Unsinn. Aber sicherlich war bei ihnen nicht alles
hobbitmäßig. Denn ab und zu ging ein Angehöriger der Tuks fort und
stürzte sich in Abenteuer. Sie verschwanden heimlich, und die Familie
vertuschte es. Tatsache ist jedenfalls, dass die Tuks nicht ganz so
respektabel waren wie die Beutlins, obgleich sie unzweifelhaft reicher
waren.
Nicht, dass Belladonna Tuk jemals in irgendwelche Abenteuer verwickelt
gewesen wäre, nachdem sie die Frau von Mister Bungo Beutlin

70 geworden war. Bungo, Bilbos Vater, baute (teilweise mit ihrem Geld) für
sie die kostspieligste Hobbithöhle, die jemals unterhalb oder oberhalb
des Berges oder jenseits des Wassers gebaut worden war. Und dort lebten
sie bis an das Ende ihrer Tage. Indessen ist es wahrscheinlich, dass Bilbo,
ihr einziger Sohn, obgleich er doch aussah und sich genauso benahm wie
75 eine zweite Ausgabe seines grundsoliden und behäbigen Vaters, irgendetwas Wunderliches in seinen Anlagen von der Tukseite übernommen
hatte.
Es war etwas, das nur auf die Chance wartete, um ans Licht zu kommen.
Die Chance ergab sich erst, als Bilbo Beutlin etwa 50 Jahre alt geworden
80 war, in der wunderschönen Hobbithöhle wohnte, die sein Vater erbaut,
und sich augenscheinlich zur Ruhe gesetzt hatte.

John R. R. Tolkien

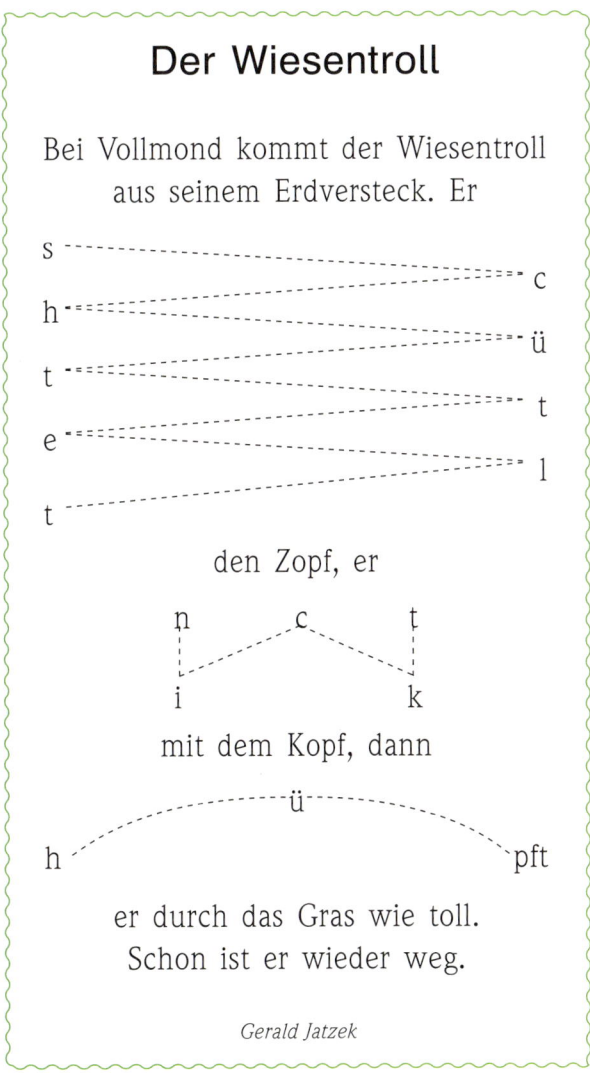

Der Wiesentroll

Bei Vollmond kommt der Wiesentroll
aus seinem Erdversteck. Er

s   c
h   ü
t   t
e   l
t

den Zopf, er

n   c   t
i   k

mit dem Kopf, dann

ü
h   pft

er durch das Gras wie toll.
Schon ist er wieder weg.

Gerald Jatzek

Der geheimnisvolle Wald

Thomas ging über die Wiese. Von der Straßenböschung her, wo das Gras gemäht worden war und in der Sonne dorrte, kam würziger Heugeruch. Die Luft schmeckte nach Sommer und Hitze, nach Hahnenfuß und Schierlingskraut. Kein Halm regte sich in der mittäglichen Stille.

5 Der Himmel über ihm war voller Sonnenlicht und Wolken. An einer Stelle verdichteten sich die Wolken, wurden zu einem Gebirge aus Klippen, Türmen und Gipfeln, unwirklich und doch so, als könne man den Fuß darauf setzen, als sei da oben eine andere, ferne Welt. Thomas bekam Sehnsucht, er wusste nicht wonach. Die Sonne

10 blendete ihn, das Wolkenland begann orangefarben zu glühen. Thomas hörte jemanden rufen. Es war nicht die Stimme der Mutter oder des Vaters, auch nicht die von Barbara und Christa. Es war eine unbekannte Stimme, sie rief in einer Sprache, die ihm fremd war. Thomas schaute sich um. Er war allein auf der Wiese.

15 Er schaute zum Wald hin. Zwischen den Fichtenstämmen leuchtete es. Ein weißer Hund stand dort, reglos, und sah ihn an. Es war kein Hund aus dem Dorf, er war anders als alle Hunde, die Thomas kannte. Er glich einem Schäferhund, aber der Kopf war breiter und die Schnauze spitzer. Wie bei einem Wolf, dachte

20 Thomas. Er hatte keine Angst und wunderte sich nicht einmal. Es war auf einmal ganz selbstverständlich, an einem Sonntagmittag auf der Wiese hinter dem Dorf eine fremde Stimme zu vernehmen und einem Weißen Wolf zu begegnen. Thomas ging einen Schritt vorwärts. Der Weiße Wolf wandte sich

25 um und verschwand im Wald. Das Leuchten wurde zu einem sanften Glimmen und erlosch. Thomas fing zu laufen an, erreichte den Waldrand und trat unter die Bäume. Es war kein großer Wald, nur ein Wäldchen, Thomas hatte so oft darin gespielt, dass ihm jeder Winkel vertraut war. Zumindest

30 hatte er das geglaubt, bis zu diesem Augenblick. Kaum aber hatte er jetzt den Fuß auf den federnden Nadelboden gesetzt, als ihn schon von allen Seiten dichter Wald einschloss. Von der Wiese war nichts mehr zu sehen. Statt Fichten wuchsen riesige Laubbäume mit Stämmen, die auch ein Erwachsener nicht hätte umfassen können.

35 Die Bäume mussten höher sein als der Kirchturm im Dorf. Als Thomas
aufblickte, wurde ihm schwindlig, so hoch oben wölbte sich das Laubdach. Alles verfloss in einem grünen Dämmerschein. Tiefe Stille herrschte.
Ein Schauer lief Thomas durch den Körper. Er ging langsam unter den
riesigen Bäumen dahin. Schwellendes Moos dämpfte das Geräusch seiner
40 Schritte. Ein paar Mal war ihm, als sähe er in der Ferne etwas Weißes
schimmern – immer dann, wenn er überlegte, in welche Richtung er
gehen sollte. Das Leuchten erlosch aber jedes Mal, sobald er darauf
zuging. Der Weiße Wolf – falls es ein Wolf war – ließ sich kein zweites
Mal erblicken.

45 Das Laubdach wurde dichter. Ein Bach floss zwischen den Riesenbäumen,
still und dunkelgrün und kaum von seiner Umgebung zu unterscheiden.
Thomas war durstig geworden und schöpfte mit der hohlen Hand Wasser.
Es schmeckte kühl und erfrischend. Er trank, bis sein Durst gestillt war.
Dann blieb er am Bachrand sitzen. In dem klaren Wasser sah er sein
50 Spiegelbild und freute sich daran – im trüben Wasser des Dorfbaches
hätte er sich nie selber betrachten können. Er dachte flüchtig an Vater
und Mutter, an die Schwestern und an seine Freunde, aber alles, was ihn
so gekränkt hatte, machte ihm jetzt keinen Kummer mehr.
Sollte er hier sitzen bleiben oder weitergehen und nach dem Weißen
55 Wolf suchen? Während er noch überlegte, hörte er plötzlich dieselbe
Stimme, die ihn in den geheimnisvollen Wald gerufen hatte. Nur viel
eindringlicher und näher.
Er sprang auf und begann zu laufen, in die Richtung, aus der die Stimme
gekommen war. Ein gestürzter Baum versperrte ihm den Weg und zerfiel
60 zu Zunder, als er darüber kletterte. Die Stämme rückten enger zusammen.
Graues Zwielicht umgab Thomas. Etwas streifte seine Wange. Von einem
der Äste hing eine zerfranste Flechte herab, wie ein vergilbter, vom Alter
brüchig gewordener Spitzenvorhang. Schwarzer Moder bedeckte
den Boden. Wohin Thomas auch schaute, er sah kein grünes Blatt mehr.
65 Es war, als hätte man alle Bäume ringsum von den Kronen bis zu den
untersten Zweigen mit staubgrauem Lumpengewebe behängt. Moos wuchs
auf den Stämmen und Ästen.

Thomas ging zögernd weiter. Manchmal reichten die Flechten bis zum Boden und umschlossen ihn von allen Seiten, er kam sich wie in Spin-
70 nennetzen gefangen vor. Das leise Geräusch seiner eigenen Schritte jagte ihm Angst ein. Jetzt erst wurde ihm richtig bewusst, dass er ganz allein war. Die Stimme, die er gehört hatte, war ihm auf einmal unheimlich. Vielleicht hatte er sie aber gar nicht gehört und es sich nur eingebildet. Warum war er nicht am Bach geblieben?
75 Thomas beschloss zurückzugehen. In dem Augenblick jedoch, als er sich umwandte, überfiel ihn eine große Ungewissheit, und ihm war zumute wie jemandem, der sich verirrt hat und schon lange hoffnungslos im Kreis läuft. Die flechtenbehangenen Bäume glichen einander, jeder hatte die gleiche rissige, verwitterte Rinde, jeder hatte sonderbar gekrümmte und
80 verkrüppelte Äste mit knollenförmig verdickten Gabelungen, und alle waren mit Moospolstern bewachsen. In dem grauen Licht sahen sie aus wie ungeheure Gnome.
Nein, da ging Thomas lieber geradeaus weiter! Irgendwann musste er doch aus diesem Wald hinausfinden. Während er vorwärts stapfte,
85 hatte er den Eindruck, als sähe er wieder das Schimmern in der Ferne, er fühlte sich besser, wurde mutiger und hatte auch keine Angst mehr, sich verirrt zu haben. Die Bäume kamen ihm nur noch wunderlich und nicht mehr bedrohlich vor.
Wie lange es dauerte, bis er es hell durch das Flechtengespinst blitzen
90 sah, hätte er nachher nicht sagen können. Er schob eine Flechte beiseite, trat unter den Bäumen hervor und erblickte vor sich eine Waldwiese in hellem Sonnenschein.
Das Gras war gesprenkelt mit Blumen. An dünnen, nickenden Stängeln hingen gelbe Glocken. Karmesinrote Dolden bildeten Polster, und aus
95 tiefblauen Trichterblüten rollten sich spiralförmig goldene Staubgefäße.
Am Waldrand, wo Thomas stand, wuchs vierblättriger Klee. Nicht jener, den er von daheim kannte, sondern ein Riesenklee mit handtellergroßen Blättern. Laub- und Nadelbäume schlossen die Wiese kreisförmig ein.

Wie der Klee, so waren auch die Bäume mächtiger und größer als daheim
und wirkten fremdartig, trotz mancher Ähnlichkeiten. Ein paar junge
Bäumchen mitten in der Wiese glichen Birken, nur hatten sie eine viel
glattere und ganz schneeweiße Rinde und rötliches Laub.

Nachdem Thomas sich sattgeschaut hatte, warf er noch einmal einen
Blick zurück auf den Flechtenwald. Zu seinem Erstaunen sah er nichts
mehr davon. Der vierblättrige Klee zog sich jetzt weit in einen lichten
Mischwald hinein.

Es war aber schon zu viel Wunderbares geschehen, als dass Thomas sich
lange den Kopf darüber zerbrochen hätte. Nach dem Stand der Sonne
zu schließen, war es Nachmittag; er hatte gedacht, es müsste schon viel
später sein. Die Wiese war freundlich und einladend, trotzdem kam er
sich recht einsam vor. Einen Augenblick wünschte er sogar, Barbara und
Christa sollten bei ihm sein, aber dann war er doch froh, dass sie nicht
hier waren. Dieses Abenteuer gehörte ihm allein.

Er ging zu ein paar Büschen am Rand der Wiese, streckte sich im
Schatten aus und verschränkte die Arme unter dem Kopf. Bevor er
weiterwanderte, wollte er eine kurze Rast machen. Irgendwo flötete
ein Vogel – immer die gleiche Melodie: ein paar Trillertöne, die in einem
lang gezogenen, lockenden Ruf endeten. Das Vogellied schläferte Thomas
ein, seine Augen schlossen sich ganz von selber. Bald war er fest einge-
schlafen. Er hatte einen Traum, und das Merkwürdige an diesem Traum
war, dass er glaubte, wach zu sein.

Neben ihm saß der Weiße Wolf im Gras und schaute ihn aus gütigen
Augen an. Das machte Thomas glücklich, er fühlte sich geborgen und
beschützt, und er hätte für immer so daliegen mögen. Im Traum
wusste er, dass er ruhig schlafen durfte, weil ihm nichts geschehen
konnte, solange der Weiße Wolf bei ihm war.

Käthe Recheis

Schlitzohren und Sonderlinge

Wer sind die Schildbürger?

Auf den ersten Blick könnte man meinen, die Schildbürger seien gar keine Schelme, sondern nur Dummköpfe. Aber in Wahrheit sollen die Schildbürger sogar sehr kluge Leute gewesen sein. Sie waren so angesehen, dass sich die Regierenden von weit her 5 darum bemühten, sie als Ratgeber an ihre Höfe zu ziehen. So sehr wurden die Bürger von Schilda bedrängt, dass sie sich gar nicht erwehren konnten. Immer mehr kluge Schildbürger gingen als Berater ins Ausland, und zurück blieben nur die Narren – sagt man.

10 Aber was war mit den Klugen, die nicht fort wollten? Vielleicht stellten sie sich nur dumm, um sich vor der Auswanderung zu drücken. Vielleicht dachten sie: Solange wir zu Hause bei unseren Familien bleiben können, sollen sie uns ruhig alle für Narren halten! Je dümmer wir uns stellen, desto eher las-15 sen sie uns in Ruhe. Welcher Fürst will schon einen Ratgeber, der Rathäuser ohne Fenster baut? Welcher König bemüht sich um einen Mann, der Salz sät und sich wundert, dass es nicht wächst? Vielleicht also halten die Schildbürger nur alle anderen zum Narren. Und die Schildbürger sind die Klügsten von allen, 20 also die größten Schelme.

Aber vielleicht ist es nicht so einfach, die Narrheit von der Weisheit zu unterscheiden. Oder könnt ihr das?

Wie die Schildbürger ihr Rathaus bauten

Als die Schildbürger das Holz in der Stadt hatten, überlegten sie, wie sie das schönste Rathaus der Welt bauen könnten. „Es soll ein Rathaus sein, wie es in keiner anderen Stadt der Welt zu sehen ist", erklärten sie.

Sie zogen also auf den viereckigen Marktplatz, wo das Rathaus stehen sollte. 5 Sie maßen die Baustelle ab, sie schritten links herum und schritten rechts herum. Sie guckten in die Luft und kratzten sich im Nacken.

„Das Rathaus muss besonders hoch werden", meinte einer.

„Nein, das Rathaus muss so niedrig sein, dass man darüber hinwegsehen kann", meinte ein anderer. „Dann erkennt man von überall her, wie gelungen 10 die Häuser sind, die drum herum stehen."

Es wurden viele Vorschläge gemacht. Rund sollte das Rathaus sein oder wie ein Würfel. Schließlich hatte einer die beste Idee: „Dreieckig!", rief er.

„Ein dreieckiges Rathaus. Davon habe ich noch niemals gehört!"

Sie überlegten, sie drehten und wendeten den Vorschlag hin und her, sie ließen
15 ihn auf den Zungen zergehen. Und weil keiner wusste, wo auf der Welt es sonst noch ein dreieckiges Rathaus gäbe, stimmten sie schließlich feierlich über diesen Vorschlag ab. Er wurde einstimmig angenommen, mit Handaufheben.

Dann machten sich unsere Schildbürger an die Arbeit. Der Zimmermann fügte die Balken zu Fachwerk zusammen. Die Zwischenräume wurden mit Lehm und
20 Mauerwerk ausgefüllt, wie es sich gehört. Das Rathaus wuchs.

Dann musste das Dach hinauf. Das war keine leichte Sache, denn dreieckige Dächer erfordern ein besonderes Können, das weiß jeder, der es schon einmal versucht hat.

Schließlich aber gelang auch das, und das dreieckige Rathaus mit dem
25 dreieckigen Dach stand auf dem viereckigen Platz in der Sonne.

Es sah wirklich einmalig aus.

„Hinein!", riefen die Schildbürger.

Alle drängten durch die Tür und zogen sie hinter sich zu.

Da war es stockdunkel! Finstere Nacht! Nirgends ein Lichtschein! Sie traten
30 sich gegenseitig auf die Füße, sie stießen sich, sie rempelten sich an, sie tappten mit ausgestreckten Händen herum und tasteten sich an den Wänden entlang wie Blinde.

„Tür auf, Tür auf!", schrie der Klügste. Nach langem Suchen gelang es, die Türklinke zu finden. Da wurde es ein wenig hell. Und sie konnten den
35 Ausgang erreichen. Und wieder standen sie auf dem Platz. Sie schritten links um ihr Rathaus herum und schritten rechts um ihr Rathaus herum.

Sie guckten das dreieckige Gebäude an.

„Es ist wunderschön", riefen sie. „Aber irgendeinen Fehler müssen wir doch gemacht haben." Da kratzten sie sich im Nacken und nickten.
40 Schließlich tröstete sie wieder der Klügste. Er sagte:

„Freunde, erinnert euch an das alte Sprichwort: Kommt Zeit, kommt Rat."

„Du meinst also: Kommt Zeit, kommt Licht?", fragten sie hoffnungsvoll.

„Zumindest können wir es doch ausprobieren", rief der erste wieder.

Also beschlossen die Schildbürger zu warten, ob Rat und mit ihm auch
45 das Licht käme.

Max Kruse

Die Reise nach Russland

„Liebe Freunde, Nachbarn und Jagdgenossen, wie
Sie sehen, ist der Platz meines Freundes Anton
Antonowitsch Achmatow noch immer leer. Das ist
für mich im Augenblick noch kein Grund zur Besorgnis,
und das Essen, zu dem ich Sie eingeladen habe,
ist auch noch nicht fertig. Deshalb schlage ich vor,
wir vertreiben uns die Zeit, indem ich Ihnen
ein Erlebnis erzähle, das ich vor einigen –",
Münchhausen unterbrach sich, „meine Gäste, ich will
nicht eitel sein – vor vielen Jahren gehabt habe.

Wie Sie, liebe Freunde, alle wissen", begann Münchhausen, „trat ich
meine Reise nach Russland mitten im Winter an. Ich hatte
diesen Zeitpunkt mit Bedacht gewählt, denn Frost und Schnee sind
noch immer gute Wegebauer gewesen, und ich hatte von anderen
Reisenden gehört, in welch elendem Zustand die Wege sein sollten,
die vom nördlichsten Deutschland über Kurland und Livland bis nach
Russland hineinführten. Da ich mich gesundheitlich im besten Zustand
befand und mein Pferd auch, entschloss ich mich also zu reiten, denn
ein Postillion, der vor lauter Durst an keinem Wirtshaus vorüberfahren
kann, ist mir schon immer lästig gewesen.
Nun ritt ich bei gutem Wetter einige Tage von morgens an bis es
dunkel wurde und fand auch immer eine Herberge, in der ich schlafen
und mich stärken konnte. An dem einen Tag aber, es mag der vierte
oder fünfte meiner Reise gewesen sein, war auf einmal kein Weg und
Steg mehr zu finden, und das lange bevor die Dunkelheit kam.
Von einem Dorf oder einem Haus oder einer Hütte konnte ich weit
und breit nichts entdecken, mein Pferd und ich hatten aber ein paar
Stunden Ruhe dringend nötig.
Augenblicke später sah ich so eine Art spitzen Baumstumpf aus dem
Schnee hervorragen.
Kurz entschlossen stieg ich ab und band mein Pferd daran fest. Dann
nahm ich meine beiden Pistolen aus der Satteltasche und steckte sie
mir, die eine rechts, die andere links unter den Arm, legte mich nicht
weit entfernt von meinem Pferd in den Schnee und schlief sofort ein.

35 Ich schlief so fest und so gut und so lange, dass ich erst wieder
erwachte, als es bereits heller Tag war. Ich rieb mir den Schlaf aus
dem Gesicht und richtete mich auf. Zu meinem allergrößten Erstaunen
aber musste ich feststellen, dass ich auf einem Kirchhof lag und dazu
genau zwischen zwei Gräbern. Und wo war mein Pferd geblieben?

40 Ich konnte es nirgends entdecken. Plötzlich aber hörte ich es über mir
wiehern, über mir, wie gesagt. Als ich nun den Kopf hob, sah ich es
vom Wetterhahn der Kirchturmspitze herunterhängen. Dort war das
arme Tier fest angebunden. Eine Weile musste ich überlegen, dann
ging mir ein Licht auf, wie alles zusammenhing: Das Dorf, zu dem

45 dieser Kirchhof gehörte, war samt Kirche gestern abend ganz und gar
zugeschneit gewesen. Ich musste also mit meinem Pferd so weit
darüber weggeritten sein, bis ich den Baumstumpf sah, der sich jetzt
als Kirchturmspitze entpuppte. In der Nacht hatte dann starkes
Tauwetter eingesetzt, der Schnee war zusammengeschmolzen und

50 hatte mich sachte auf die Erde sinken lassen.
Nun wäre es meinem Pferd ebenso ergangen, wenn es nicht
festgebunden gewesen wäre. – Wie sollte ich jetzt wieder zu meinem
Pferd kommen? Von den Leuten, die sich inzwischen auf dem Kirchhof
eingefunden hatten, konnte ich keine Hilfe erwarten. Sie standen

55 mit ungläubigen Gesichtern da und rissen Mund und Augen auf.
Ich selbst aber hatte auch nichts anderes als meine beiden Pistolen
unter den Armen.
Die Pistolen! Es muss eine Ahnung gewesen sein, dass ich sie aus der
Satteltasche genommen hatte. Kurz entschlossen nahm ich die eine,

60 zielte nach dem Halfter des Pferdes und drückte ab. Das Pferd fiel
augenblicklich vom Kirchturm herunter, sprang glücklich auf seine vier
Hufe, wir hatten einander wieder und konnten unsere Reise fortsetzen."

Barbara Bartos-Höppner

Eulenspiegels eigenes Land

Till Eulenspiegel hat dem Herzog von Lüneburg einen Streich gespielt. Der Herzog befahl deshalb: „Eulenspiegel darf nie mehr mein Land betreten."

Aber Eulenspiegel kam wieder in das Lüneburger Land und ging in ein Dorf bei Celle und wartete, bis der Herzog wieder gen Celle reiten wollte.
5 Da sah er einen Bauern ackern. Eulenspiegel hatte ein anderes Pferd bekommen, dazu einen Sturzkarren. Er fuhr zu dem Bauern und fragte ihn, wem der Acker gehöre, den er bearbeite.
Der Bauer sprach: „Er ist mein, ich hab ihn ererbt."
Da fragte ihn Eulenspiegel, was er ihm geben sollte für einen Karren voll
10 Erde. Der Bauer sprach: „Einen Schilling nehm ich dafür."
Eulenspiegel gab ihm den Silberpfennig und warf den Karren voll Erde von dem Acker, setzte sich da hinein und fuhr vor die Burg zu Celle an der Aller.

Als nun der Herzog geritten kam, da wurde der Eulenspiegel gewahr,
15 wie er in dem Karren saß, bis an die Schultern in der Erde. Da sprach der Herzog: „Eulenspiegel, ich hatte dir mein Land verboten; wenn ich dich darin fände, wollte ich dich henken lassen."

Eulenspiegel sprach: „Gnädiger Herr, ich bin nicht in Eurem Land, ich sitz in meinem Land, das ich gekauft hab für einen Silberpfennig. Ich
20 kaufte es von einem Bauern, der mir sagte, es wäre sein Erbteil."

Der Herzog sprach: „Fahr hin mit deinem Erdreich aus meinem Erdreich, und komm nicht wieder, ich werd' dich sonst mit Pferd und mit Karren henken lassen."

Da kroch Eulenspiegel aus dem Karren, sprang auf das Pferd und ritt
25 aus dem Lande; den Karren ließ er vor der Burg stehen. Dort liegt noch heute Eulenspiegels Erdreich vor der Brücke.

Till Eulenspiegel – König der Schelme

Till Eulenspiegel lebte im Mittelalter – in einer Zeit also, in der ein Armer noch viel ärmer und rechtloser war als heute. Er stammte aus den untersten Schichten des Volkes.

Um sich durchs Leben zu schlagen, brauchte er all seinen Verstand und all seinen Witz. Zimperlich konnte er nicht sein. Oft war er sogar verschlagen und boshaft. Oft betrog er. Till Eulenspiegel schaute den Menschen aber auch genau aufs Maul und nahm die Sprache wörtlich.

Besonders die einfachen Menschen hörten gerne die Geschichten von Till Eulenspiegel, denn Till war einer von ihnen: arm, aber dennoch klug und gewitzt. Tills Streiche brachten sie zum Lachen. Und so wurde ihr hartes Leben etwas leichter.

Nun könnt ihr fragen: Was soll denn der Name „Eulenspiegel" bedeuten? Manche glauben, er soll bedeuten, dass Till

den Menschen den Spiegel der Weisheit vorgehalten hat. Denn die Eule ist das Tier der Weisheit. Das ist eine hübsche Erklärung. Und irgendwie stimmt sie auch, weil Till am Ende immer der Klügere ist.

Aber eigentlich heißt „Eulenspiegel" doch etwas ganz anders. Im Niederdeutschen bedeutet „eulen" soviel wie „fegen, putzen", und „Spiegel" bedeutet in der Sprache der Jäger „Hintern". Der Eulenspiegel ist also einer, der den Leuten den Hintern putzt.

Max Kruse

119

Die sieben Schwaben

Einmal waren sieben Schwaben, die hatten sich vorgenommen, gemeinsam in die Welt hinauszuziehen, Abenteuer zu suchen und große Taten zu vollbringen. Dazu brauchten sie eine Waffe. Deswegen ließen sie sich in Augsburg einen recht starken und langen Spieß machen.

5 Diesen Spieß hielten sie alle sieben zusammen fest in der Hand: Vorn ging der mutigste, dann folgten die anderen der Reihe nach, und am Ende hielt der den Spieß, der am meisten Angst hatte.

So zogen sie los und nach einigen Abenteuern kamen sie an ein Feld. Darin saß ein Hase in der Sonne und schlief mit offenen Augen. Er streckte die

10 Ohren in die Höhe und hatte die großen, glänzenden Augen weit geöffnet. Die sieben Schwaben erschraken, als sie das wilde Tier sahen. Sie überlegten gemeinsam, was zu tun war. Sie hielten das Tier für gefährlich. Sie befürchteten, wenn sie fliehen wollten, dass das Ungeheuer sie verfolgen und mit Haut und Haar verschlingen würde. Also sagten sie: „Wir müssen in

15 einen großen und gefährlichen Kampf ziehen! Frisch gewagt ist halb gewonnen!" Dann fassten alle sieben den Spieß fest mit der Hand und zogen los. Der erste Schwabe wollte langsam vorangehen, aber der siebte war ganz mutig geworden. Er drückte von hinten und rief:

„Voran ihr tapf'ren, stolzen Schwaben,

20 weil wir keine Angst nicht haben!"
Aber der sechste Schwabe rief zurück:
„Du hast gut reden, hinten dran!
Du bist ja nur der letzte Mann!"
Der fünfte Schwabe meinte:

25 „Das Ungeheuer ist gemein!
Das könnt sogar der Teufel sein!"
Der vierte Schwabe sprach:
„Und wenn es seine Mutter ist!
Ich habe Angst, dass es uns frisst!"

30 Der dritte Schwabe sagte zum zweiten:
„Geh du vor mir, du musst jetzt geh'n!
Ich werde hinten vor dir stehn."
Der zweite Schwabe hörte aber nicht darauf und sagte:
„Der Erste muss der Erste sein!

35 Denn er ist tapfer, ganz allein!"

Da nahm der erste Schwabe all seinen Mut zusammen und sprach:

„Zusammen ziehn wir in die Schlacht!

Jetzt wird gekämpft und nicht gelacht!"

Da gingen sie gemeinsam mutig auf das Untier los.

40 Als sie aber immer näher kamen, da schrie der erste Schwabe in großer Angst:

„Hau! Hurlehau! Hau! Hurlehau!" Davon erwachte der Hase,

erschrak gewaltig und sprang eilig davon. Als ihn der letzte Schwabe über das Feld

hoppeln sah, da rief er vollkommen überrascht:

„Liebe Freunde, was ist das?

45 Ich glaub, das Untier war ein Has!"

Und wegen dieser mutigen Hasenjagd sind die sieben Schwaben berühmt geworden.

Helge Weinrebe

Wer waren die sieben Schwaben?

Wer heute in die Stadt Augsburg kommt, der sollte nicht versäumen, auch die Annastraße zu suchen und sich das Haus Nr. 20 anzusehen. In der Annastraße Nr. 20 hatte nämlich vor langer Zeit der Klingenschmied Michael Frösch seine Werkstatt. Der war nicht nur in Augsburg, sondern darüber hinaus in der ganzen Welt seiner guten Klingen, Schwerter und Spieße wegen berühmt. Sonst wären ja auch die sieben wackeren schwäbischen Männer niemals zu ihm gegangen. Für sie und ihr Vorhaben kam nämlich nur der beste, der allerbeste Klingenschmied in Frage. Denn sie hatten sich vorgenommen, das gräuliche Ungeheuer zu erlegen, das zu dieser Zeit am Bodensee hauste und das ganze schwäbische Land in Schrecken versetzte, sodass kein Mensch mehr eine ruhige Nacht hatte.

Die sieben Schwaben, das waren der Seehas, der Nestelschwab, der Gelbfüßler, der Knöpfleschwab, der Blitzschwab und der Spiegelschwab.

Die Namen erzählen etwas über die Eigenschaften oder die Herkunft der sieben Schwaben:

Der Seehas: Er stammt aus Überlingen am Bodensee.

Der Nestelschwab: Er trägt statt Knöpfen Haken und Ösen an der Hose, die man Nesteln nennt.

Der Gelbfüßler: Er ist einer der ehrlichen Bewohner Bopfingens. Diesen sagt man gelbe Füße nach, weil der Herzog als Abgabe Eier von ihnen forderte. Damit sie alle Eier auf den Wagen bekamen, mussten sie sie zertreten. So passten mehr Eier auf den Wagen. Dabei wurden ihre Füße gelb.

Der Knöpfleschwab: Er gehört zu den Rieserschwaben. Diese essen gerne eine Suppe mit Knöpfle oder Spätzle, wie man auch sagt. Und das fünfmal am Tag.

Der Blitzschwab: Er kann kaum einen Satz bilden, ohne dabei zu fluchen: Potz Blitz!

Der Spiegelschwab: Die Sonne spiegelt sich auf seinen Unterärmeln. Er hat die Angewohnheit, die Nase an den Vorderärmeln seiner Jacke abzuputzen. Dadurch bildet sich eine spiegelnde Fläche.

Der Allgäuer: Einer, der aus dem Allgäu stammt.

Der Rattenfänger von Hameln
Ein Spielstück in 5 Szenen

Mitspieler:
Rattenfänger
Bürgermeister
Bürger 1
Bürger 2
Bürgersfrau 1
Bürgersfrau 2
Erzähler/in
Ratten
Kinder
Büttel

1. Szene

Die Bürger treffen sich und klagen über die Rattenplage.

Bürgermeister: Unsere Stadt wird von einer schweren Plage heimgesucht. Es sind Ratten.

1. Bürger: Man traut sich nicht mehr aus dem Haus.

1. Bürgersfrau: In unserem Keller sind sie. Kein Mensch traut sich mehr dort hinunter.

2. Bürgersfrau: Meine Kinder haben Angst und ich auch.

Bürgermeister: Ruhe! Wir müssen überlegen, wie wir die Ratten loswerden können.

1. Bürger: Wir haben schon so viel versucht. Und es hat nichts genützt.

2. Bürger: Sie sind immer noch da. Und es werden immer mehr.

1. Bürgersfrau: Wir werden Haus und Hof im Stich lassen und wegziehen.

Bürgermeister: Ich habe euch hierher bestellt, weil ein Rattenfänger gekommen ist. Er verspricht uns, alle Ratten aus unserer Stadt zu vertreiben.

1. Bürger: Das wäre gut!

2. Bürger: Ob er das wirklich kann?

1. Bürgersfrau: Wir sollten es auf jeden Fall mit ihm versuchen.

2. Bürgersfrau: Schlimmer kann es ja nicht mehr kommen.

Bürgermeister: He, Büttel! Holt den Rattenfänger. Bringt ihn zu mir.

Der Büttel läuft los. Der Rattenfänger tritt auf.

Rattenfänger: Da bin ich.

Bürgermeister: Ihr könnt wirklich alle Ratten aus unserer Stadt vertreiben?

Rattenfänger: Ja, das kann ich.

Bürgermeister: Und Ihr lügt nicht?

Rattenfänger: Warum sollte ich?

Bürgermeister: Aber Ihr macht das doch nicht umsonst.

Rattenfänger: Wie viel ist Euch das denn wert?

Bürgermeister: Also bestimmt tausend Mark.

1. Bürger: Nein, viel mehr! Mindestens zweitausend Mark.

1. Bürgersfrau: Wenn er uns wirklich die Ratten vom Hals schafft, dann solltet Ihr nicht so kleinlich sein.

Bürgermeister: Ich sage, Ihr bekommt einen ganzen Sack voll Gold! Ist das ein Wort?

Der Handel wird durch Handschlag besiegelt.

2. Szene

Der Rattenfänger zieht auf seiner Flöte spielend durch die Stadt.
Die Ratten kommen aus ihren Löchern und laufen hinter dem Rattenfänger her.
Es werden immer mehr. Dann geht der Rattenfänger davon,
und die Ratten folgen ihm.

3. Szene

Der Bürgermeister trifft sich wieder mit den Bürgern.

Bürgermeister: Wer hätte das gedacht?
1. Bürger:　　　Endlich sind wir die Ratten los. Los für alle Zeiten.
2. Bürger:　　　Sind sie wirklich alle fort?
1. Bürgersfrau: Es ist keine einzige mehr zu sehen.
2. Bürgersfrau: In unserem Keller ist auch keine Ratte mehr. Wie bin ich darüber froh!
1. Bürger:　　　Was machen wir jetzt mit dem Rattenfänger?
2. Bürger:　　　Er will seinen Sack voll Gold haben!
1. Bürgersfrau: Wir haben dem Mann viel zu viel versprochen.
Bürgermeister: Einen Sack voll Gold! Einen ganzen Sack voll Gold! So viel Gold haben wir
　　　　　　　überhaupt nicht. Er ist ein rechter Faulenzer, ein Gammler.
　　　　　　　Was hat er denn schon getan? Ein bisschen auf seiner Flöte geblasen.
　　　　　　　Das hätte jeder von uns auch gekonnt!
2. Bürger:　　　Ja, wenn wir gewusst hätten, dass das so einfach ist.
2. Bürgersfrau: Das ist wirklich zum Lachen.
2. Bürger:　　　Nein, dafür bezahlen wir nichts.
Bürgermeister: Wir stimmen ab! Wer dafür ist, dass der Mann einen Sack voll Gold
　　　　　　　von uns bekommt, der hebe die rechte Hand.

Keiner hebt die Hand.

Bürgermeister: Wer ist dafür, dass er nichts bekommt?

Alle heben die Hände.

Bürgermeister: So ist es beschlossen. Und der Beschluss ist einstimmig gefasst.
Büttel *(kommt herbei)*: Der Rattenfänger will vorgelassen werden.

Bürgermeister: Ich habe keine Zeit.

Büttel: Er drängt aber sehr.

Bürgermeister: Wir haben wichtigere Dinge zu tun, als mit einem Rattenfänger zu sprechen.

Rattenfänger *(kommt)*: Das ist ja unerhört. Ich war Euch gut genug, Eure Ratten davonzujagen. Und jetzt hat der Herr Bürgermeister keine Zeit für mich.

Bürgermeister: Nun … ja …

Rattenfänger: Wo ist der Sack voll Gold? Ich will ihn jetzt haben!

1. Bürger: So ein bisschen Hokuspokus.

2. Bürger: Das war so einfach. Dafür bezahlen wir nichts.

1. Bürgersfrau: Das hätte jeder von uns gekonnt.

Rattenfänger: Versprochen ist versprochen.

Bürgermeister: Macht Euch nicht lächerlich.

Rattenfänger *(schreit)*: Ich will meinen versprochenen Lohn haben!

Bürgermeister: Geht jetzt! Hier gibt es nichts.

Rattenfänger: Herr Bürgermeister, Sie sind ein gemeiner Lügner!

Bürgermeister: Büttel! Packt ihn! Werft ihn hinaus! Jagt ihn zum Stadttor hinaus!

Der Büttel packt den Rattenfänger und drängt ihn nach draußen.

Bürgermeister *(drohend)*: Wenn Ihr euch noch einmal hier sehen lasst, kommt Ihr ins Gefängnis!

Bürger *(hinter ihm her, drohend)*: Es wird Euch schlimm ergehen! Lasst Euch ja nicht mehr hier sehen! Haut ab! Mit einem wie Euch wollen wir nichts zu tun haben!

Ratsversammlung ab.

4. Szene

Der Rattenfänger erscheint erneut,
allerdings anders angezogen als vorher.
Er zieht mit seiner Flöte durch die Stadt und
spielt lustig drauflos. Die Kinder kommen
von allen Seiten herbei, singen mit, tanzen,
bilden einen Kreis, fassen sich an den Händen,
tanzen um den Rattenfänger herum und
laufen schließlich, als er davongeht,
in einer langen Kette hinter ihm her.

5. Szene

Die Bürger laufen aufgeregt hin und her.

1. Bürger:	Wo ist mein Kind?
2. Bürger:	Monika! Monika!

Alle Bürger *(schreien)*: Bärbel, Brigitte! Kristina! Angelika! Gerhard! Armin! Ingo! Leo! Klaus!

Sie rufen nach ihren Kindern.

Bürgermeister: Wo sind die Kinder?
Sie können doch nicht alle auf einmal verschwunden sein!

1. Bürgersfrau: Ich habe eine Flöte gehört. Da hat jemand eine Melodie auf der Flöte gespielt.
2. Bürgersfrau: Der Rattenfänger hatte auch eine Flöte! War es der Rattenfänger?
Bürgermeister: Ich hatte ihm doch verboten, in unsere Stadt zu kommen.
1. Bürgersfrau: Ja, es war der Rattenfänger. Und die Kinder sind hinter ihm hergelaufen.
1. Bürger: Er hat sie verführt.
2. Bürger: Er hat sie verzaubert mit seinem Hokuspokus.
1. Bürger: Genauso wie er die Ratten verzaubert hat.
Bürgermeister: Schwätzt nicht mehr! Wir müssen hinter ihm her!
Wir dürfen keine Zeit verlieren. Auf! Lauft durch das Stadttor!
Wir müssen die Kinder noch einholen!

Sie laufen davon.

Alle *(schreien)*: Bärbel! Monika! Armin! Ingo! ...

Erzähler/in: Glaubt mir! Sie haben nichts gefunden. Weder die Monika noch den Armin, weder Kristina noch Ingo. Nur zwei Kinder kamen zurück. Doch das eine war blind und das andere war stumm. Sie konnten nichts zeigen und nichts erzählen. Hätten die Leute den Rattenfänger doch nur nicht um seinen verdienten Lohn betrogen!

Rolf Krenzer (gekürzte Fassung)

Tagträumer und Lebensfragen

In dir

Über dir
Sonne Mond und Sterne

Hinter ihnen
unendliche Welten

5 Hinter dem Himmel
unendliche Himmel

Über dir
was deine Augen sehen

In dir
10 alles Sichtbare
und
das unendlich Unsichtbare

Rose Ausländer

Der Weg des Weisen

Ein weiser Mann, der eine ungeheure Ruhe ausstrahlte,
wurde von einem anderen geplagten Menschen gefragt:
„Wie machst du das, immer so ruhig zu sein?"
„Ganz einfach", antwortete der Weise, „wenn ich schlafe,
5 schlafe ich, wenn ich aufstehe, stehe ich auf,
wenn ich gehe, gehe ich, wenn ich esse, esse ich,
wenn ich arbeite, arbeite ich, wenn ich höre, höre ich,
wenn ich spreche, spreche ich!"
„Wie, das verstehe ich nicht! Das tue ich doch auch!
10 Trotzdem bin ich so nervös."
„Nein, du machst es anders:
Wenn du schläfst, stehst du schon auf, wenn du aufstehst,
gehst du schon, wenn du isst, arbeitest du schon,
wenn du hörst, sprichst du schon!"

unbekannter Verfasser

Zwei Luftballons, zwei Kinder, eine Welt und ein Augenblick

Da spielen zur gleichen Zeit zwei Kinder,
eins in unserem Land in einem Garten,
eins genau auf der anderen Seite der Erde auf einer Wiese.
Beide Kinder bekamen von Mama und Papa
5 einen Luftballon geschenkt.
Das Kind im Garten verliert die Leine, der Luftballon
steigt hoch und verschwindet in die Wolken. Das Kind weint
ohne Ende und schreit verzweifelt:
„Mama, mein Luftballon ist weg, Papa, mein Luftballon ist weg!"
10 Das Kind auf der Wiese lässt im selben Moment im Spiel
die Schnur los, auch dieser Luftballon steigt empor zum Himmel.
Das Kind klatscht vor Freude in die Hände und ruft erstaunt:
„Wie schön er zu den Wolken schwebt. Er fliegt hin zur Sonne."

Rainer Oberthür

Tausend Spiegel

Ein Hund hatte von einem ganz besonderen Tempel gehört: Es war
der Tempel der tausend Spiegel! Der Hund wusste nicht, was ein
Spiegel war, aber es hörte sich lustig an und er hatte sowieso nichts
Besonderes zu tun und so machte er sich auf den Weg – zum Tempel
5 der tausend Spiegel. Viele Tage, viele Wochen war er unterwegs und
endlich stand er vor dem geheimnisvollen Tempel. Er lief die Treppe
hinauf, öffnete das Tor und trat hinein. Da sahen ihm aus tausend
Spiegeln tausend Hunde entgegen. Und er freute sich und er wedelte
mit dem Schwanz. Da freuten sich in tausend Spiegeln tausend Hunde
10 und wedelten auch alle mit dem Schwanz! Der Hund dachte sich:
„Die Welt ist voller glücklicher und zufriedener Hunde." Und von nun
an kam er jeden Tag in den Tempel der tausend Spiegel.
An diesem Nachmittag kam ein anderer Hund in den Tempel der
tausend Spiegel. Auch er lief die Treppen hinauf, öffnete das Tor und
15 trat hinein: Da sahen ihm aus tausend Spiegeln tausend Hunde
entgegen. Der Hund bekam große Angst und knurrte und zog seinen
Schweif ein. Da knurrten aus tausend Spiegeln tausend Hunde und
zogen auch alle ihren Schweif ein. Und der Hund dachte sich:
„Die Welt ist voller böser, knurrender Hunde."
20 Und er kam niemals mehr in den Tempel der tausend Spiegel!
Wo, glaubt ihr, befindet sich dieser Tempel der tausend Spiegel?
Ihr findet ihn direkt vor eurer Tür! Derjenige, der offenen Herzens und
mit wachen Augen durch die Welt geht, wird Menschen treffen,
die mit offenen Herzen und wachen Auges durch die Welt gehen.
25 Derjenige aber, der verschlossen und mit bösem Blick umhergeht,
wird auch nur schlechte Menschen treffen …

Folke Tegetthoff

Die indischen Krüge

Eines Nachmittags entdeckte Sandra die drei grünen Krüge,
die in einer dunklen Ecke der Rumpelkammer standen.
„Was hat es denn mit diesen drei grünen Krügen auf sich?",
fragte sie Herrn P., der noch mit Inti in der Küche saß.

5 „Nichts", sagte der. „Krüge haben höchstens einen Deckel
auf sich, und die haben nicht einmal den."
„Das sehe ich selber", sagte Sandra streng.
„Ich habe etwas anderes gemeint."
„Was hast du denn gemeint?"

10 „Ich habe gemeint, ob diese Krüge etwas bedeuten."
Herr P. antwortete nicht gleich. Er blickte von Inti zu Sandra,
stand schließlich auf und ging in die Rumpelkammer. Die beiden Kinder
folgten ihm, vor den drei Krügen blieben alle drei stehen.
„Heute bedeuten die drei Krüge nichts mehr, es sind nur drei kleine,

15 grüne Krüge", sagte Herr P.
„Aber es hat eine Zeit gegeben, da bedeuteten sie für mich Leben oder Tod.
Vor vielen Jahren weilte ich einmal in Indien. Mein Geld war verbraucht,
durch einen Zufall erfuhr ich, dass beim Maharadscha von Raipur
der Posten eines Vorschmeckers zu vergeben war. Ich meldete mich und

20 erhielt den Posten."
„Vorschmecker?", fragte Inti. „Was ist denn das für ein Beruf?"
„Der Vorschmecker kostet von allen Speisen, die auf den Tisch
des Maharadschas kommen", sagte Herr P.
„Warum denn?", wollte Sandra wissen.

25 „Weil der Maharadscha glaubte, Feinde zu haben. Und weil er befürchtete,
sie könnten ihn vergiften. Da nun der Vorschmecker von allen Speisen und
Getränken, die dem Maharadscha vorgesetztwurden, Proben aß oder trank,
war der Maharadscha sicher, dass ihm selber nichts passieren konnte."
„Aber dem Vorschmecker, also dir, konnte was passieren", sagte Inti.

30 „Oder hattest du auch einen Vorschmecker?" Herr P. blickte Inti
anerkennend an.
„Genau so war es", sagte er dann. „Natürlich hatte ich Angst, selber
vergiftet zu werden. Deshalb zahlte ich einem Inder, der in der Küche
des Maharadschas arbeitete, etwas Geld, damit er die Speisen und Getränke

vorschmeckte, bevor ich sie an der Tafel des Maharadschas vorschmecken

35 musste. Was ich aber nicht wusste, war, dass dieser Vor-Vorschmecker
noch einen Vorschmecker bezahlte, den Vor-Vor-Vorschmecker also.
Und das wiederum hatte zur Folge, dass die Portionen, die auf den Tisch
des Maharadschas kamen, immer kleiner wurden."

40 „Logisch", sagte Sandra, „bei so vielen Vorschmeckern. Und was war mit
den grünen Krügen?"

„Das war so: Eines Abends wollte der Maharadscha Wein trinken.
Er ließ sich drei Krüge bringen. Einen mit weißem, einen mit rotem und
einen mit süßem Wein."

45 „Diese Krüge hier?", fragte Inti.

„Ja, diese Krüge. Ich sollte sie vorschmecken, doch als ich mich
daranmachte, einen nach dem anderen zu probieren, stellte ich erschreckt
fest, dass sie allesamt bereits leer waren. Der Vor-Vor-Vorschmecker
hatte nämlich heimlich noch einen Vorschmecker engagiert,

50 den Vor-Vor-Vor-Vorschmecker also, und diese vielen Vorschmecker
hatten bereits den ganzen Wein ausgetrunken, bevor der überhaupt
auf den Tisch des Herrschers kam. Der Maharadscha tobte.
Er verdächtigte mich, die Krüge geleert zu haben, er warf mich wütend
aus dem Palast und die Krüge gleich hinterher. Ich steckte sie ein und

55 machte, dass ich davonkam."

„Bist du denn davongekommen?", fragte Inti.

„Sicher, sonst wäre ich ja nicht hier", sagte Herr P.

„Und das alles sollen wir dir glauben?", wollte Sandra wissen.

„Ich wäre dir sehr verbunden, wenn du es tätest", sagte Herr P.

60 „Wenn du dich verbinden willst, dann tu das bitte, ohne mich mit
zu verbinden", sagte Sandra spitz.

„Aber ich habe doch etwas ganz anderes gemeint", sagte Herr P.

„Ich habe gemeint, dass ich dir sehr dankbar wäre, wenn du mir mal
zur Abwechslung eins meiner Abenteuer glauben würdest."

65 „Und was ist aus dem Maharadscha ohne Vorschmecker geworden?",
fragte Inti.

„Och, ich weiß nicht", sagte Herr P. „Wenn er nicht vergiftet ist, dann
trinkt und frisst er wohl noch heute!"

Robert Gernhardt

Wie Nasreddin Hodscha aus Sivrihisar in Akschehir lebte

Bir varmış, bir yokmuş, es war einmal, es war keinmal, da war Nasreddin Hodscha gerade in die anatolische Stadt Akschehir umgezogen. Die Leute sagten: „Was will Nasreddin Hodscha hier? Wir mögen ihn nicht."
Sie wollten ihn aus ihrer Stadt vertreiben. Doch Nasreddin Hodscha ging
5 seiner Arbeit nach und kümmerte sich nicht darum, was die Leute redeten. Eines Tages jedoch hatte Nasreddin Hodscha genug davon. Er stellte sich auf einen Stuhl in der Mitte des Platzes vor der Moschee und rief den Leuten zu: „Kommt alle her! Kommt alle her!"
Die Leute blieben erstaunt stehen. Als Nasreddin Hodscha fand,
10 dass die Menge groß genug sei, rief er: „Wisst ihr, Leute, dass die Luft hier in Akschehir der Luft in meinem Heimatdorf sehr ähnlich ist?"
„Wie kommst du denn darauf?", fragte ein Mädchen.
„Nachts sehe ich hier genauso viele Sterne wie in meinem Dorf", sagte Nasreddin Hodscha und stieg vom Stuhl.
15 Die Leute gingen kopfschüttelnd ihrer Wege. Einige aber gingen zum Bürgermeister und beschwerten sich über Nasreddin Hodscha. Er habe sie von ihrer Arbeit abgehalten, auf dem Marktplatz versammelt und Unsinn geredet.
Der Bürgermeister kümmerte sich zuerst nicht um die Beschwerden. Doch als immer mehr Leute sich beklagten, befahl er Nasreddin Hodscha zu sich.
20 Als Nasreddin Hodscha am nächsten Morgen erschien, sagte der Bürgermeister: „Nasreddin Hodscha, die Bewohner dieser Stadt mögen dich nicht. Du sprichst anders als sie, du hast andere Gewohnheiten. Sie möchten, dass du dorthin zurückgehst, wo du hergekommen bist. Sie möchten, dass du deine Sachen packst." „Ich bin derjenige, der die Leute hier nicht mag", entgegnete Nasreddin
25 Hodscha. „Wenn es nach mir ginge, könnten sie sich alle zum Teufel scheren."
„Aber du bist nur einer, sie sind die Mehrheit, sie sind viele", sagte der Bürgermeister ärgerlich.
„Na ja, da sie so viele sind, ist es sogar einfacher für sie. Sie können alle zusammenarbeiten und gemeinsam ein Dorf aufbauen, dort, wo sie hingehen
30 möchten. Doch wie kann ich, ganz allein und in meinem Alter, ein neues Haus bauen und ein Feld pflügen?"
Darauf wusste der Bürgermeister nichts zu sagen und so blieb Nasreddin Hodscha bis zu seinem Tod in Akschehir. Und keiner wagte es mehr, sich über ihn zu beschweren.

nacherzählt von Anja Tuckermann

Der Tiger, der Wolf und der Fuchs

Einmal schlossen der Tiger, der Wolf und der Fuchs Freundschaft miteinander.
Sie gingen zusammen auf die Jagd und fingen einen Esel, einen
Hammel und einen Hasen. Von der Jagd zurückgekehrt, fragte der Tiger
seine Freunde: „Wie wollen wir die Beute teilen?"

5 Lehrhaft erwiderte der Wolf: „O Taxyr! Du bist groß und mächtig
und der Stärkste von uns dreien. Deshalb sollst du den großen Esel fressen.
Wir dagegen sind kleiner als du und werden uns daher mit dem kleineren
Teile begnügen. Ich werde den Hammel verzehren, während der Fuchs
als der allerkleinste den Hasen bekommt."

10 Als der Tiger diese Antwort bekam, geriet er in Wut, stürzte sich auf den Wolf
und zerfleischte ihn. Dann wandte er sich an den Fuchs und fragte ihn:
„Und was denkst du, Fuchs?"
Der Fuchs neigte das Haupt und erwiderte ehrfürchtig:
„O mein Taxyr! Zum Frühstück sollst du den Esel genießen,

15 mittags den Hammel verzehren und abends, um deinen
königlichen Magen nicht allzu sehr zu belasten, den Hasen
zu dir nehmen."
Zufrieden mit der Antwort des Fuchses, lächelte der Tiger gnädig
und erkundigte sich:

20 „Wer hat dich, Fuchs, gelehrt, die Beute so weise zu teilen?"
„O mein Taxyr! Diese Weisheit habe ich vom Wolf gelernt",
antwortete der Fuchs.

Äsop

Denken

Denke	Bedenke	Denk viel	dass man dem,
denke weiter	überdenke	denk mehr	der nicht nachdenkt,
denke um.	durchdenke warum.	denk immer daran,	vordenken kann.

Hans Manz

Tischrede

Hast du schon einmal über einen TISCH nachgedacht?
Zum Beispiel, was den TISCH denn zum TISCH gerade macht?
Was macht ihn so TISCHIG, so TISCHARTIG, TISCHHAFT?
5 Eine geheimnisvolle TISCHKRAFT?
Und TISCHT ein TISCH eigentlich, oder wird er GETISCHT?
Und VERTISCHT er, wenn seine TISCHHEIT erlischt?
Und machst du so weiter mit TISCH, bis du döst, hat plötzlich TISCH
von dem Ding sich gelöst.
10 Und du fragst dich: „Wieso denn eigentlich TISCH?" Und TISCH klingt
so fremd, TISCH klingt so frisch.
Und du bist ganz erstaunt, weil du ganz sicher weißt, dass TISCH
eigentlich überhaupt nichts „heißt". Dafür steht in deinem Zimmer
ganz dumm ein gänzlich Namenloses herum.
15 So fremd und unheimlich unbekannt,
ganz stumm, unbegreifbar und unbenannt,
fast unsichtbar, gar nicht richtig da ...
Und dann, dann sagst du auf einmal: „Aha,
das ist ja der TISCH!" Und es schnappt wieder ein.
„Der Tisch, na klar, was sonst soll es sein?"

Martin Auer

Worte

Für Horst Fasel

Jedes Wort meint sich selber
und deutet zugleich auf andres.
Anemone – die Blume,
Anemone – das Kind.
Alle Worte sind Chiffren.

Auch wer Stein sagt, oder Kristall,
spricht von der Weltgeschichte.

Christine Busta

Was im Buche steht

Was im Buche steht, lass es nicht stehen!
Man kann die Worte so oder so drehen.
Also leg sie auf die Goldwaage
oder beweg sie mit einer Frage!
5 Nimm dir Zeit zu verweilen,
lies zwischen den Zeilen,
auch ein kurzes Gedicht hat viele Seiten.
„Es war einmal ...“
meint – vielleicht – heutige Zeiten.
10 Buchstabieren allein genügt nicht.
Lies einen Satz, wie in einem Gesicht,
wie und warum er dir etwas zeigt
und wo er verstummt und was er verschweigt!

Hans Manz

Ein Bild ...

Ein Bild wird erst durch den Beschauer fertig.
So ist's mit den Büchern auch.
Ein Buch ist schlecht, wenn's nicht den rechten
Leser findet, der im Lesen erst es fertig macht.
Es liest kein Leser mehr heraus, als er hineinlist.
Dem andern ist dasselbe Buch ein andres.

Otto Ludwig

Knopf-Parade

Regnet es draußen, dann holt man die losen
Knöpfe aus Kisten und Kästen und Dosen.
Ausgeschüttet und aufgereiht,
zu fünft, zu viert, zu dritt, zu zweit:
5 eckige, runde, schwarze und bunte,
flache, verbogene, lederbezogene,
größere, kleinere, schmutzige, reinere,
halb verbrannte, leinenbespannte,
vielfach durchbohrte, seidenumflorte,
10 blecherne, beinerne, hölzerne, steinerne,
stumpfe und glatte, ganz und gar platte –
kullern und klappern und klirren leise,
jeder auf seine besondere Weise.
Scheint dann die Sonne, verschwinden die losen
15 Knöpfe in Kisten und Kästen und Dosen.

Hans Georg Lenzen

Der Herbst

Ich bin, das läßt sich nicht bestreiten,
Die herbste aller Jahreszeiten:
Rauhe Winde, scharf wie Säbel,
Welke Wälder, graue Nebel.
5 Die Vögel klagen leise, leise
Und gehen auf die Winterreise.
Dann lischt die Sommersonne aus.
Holt eure Gummischuhe raus!

Mascha Kaléko (alte Rechtschreibung)

Es spukt

Abends, wenn die Heimchen singen,
wenn die Lampe düster schwelt,
hör ich gern von Spukedingen,
was die Tante mir erzählt.
5 Wie es klopfte in den Wänden,
wie der alte Schrank geknackt,
wie es einst mit kalten Händen
Mutter Urschel angepackt,
wie man oft ein leises Jammern
10 grad um Mitternacht gehört
oben in den Bodenkammern,
scheint mir höchst bemerkenswert.

Doch erzählt sie gar das Märchen
von dem Geiste ohne Kopf,
15 dann erhebt sich jedes Härchen
schaudervoll in meinem Schopf.
Und ich kann es nicht verneinen,
dass es böse Geister gibt,
denn ich habe selber einen,
20 der schon manchen Streich verübt.

Wilhelm Busch

Halloween

In der Nacht vom 31. Oktober auf den 1. November feiern viele Menschen Halloween. Ursprünglich war es ein keltisches Fest zum Winter-
5 anfang (Samhain genannt), bei dem Dämonen und böse Geister vertrieben werden sollten. Mit der Ausbreitung des Christentums verwandelte sich allmählich auch das Fest der Kelten
10 und sein Name. Aus Samhain wurde Halloween. Das Wort leitet sich von „All Hallow's Eve" ab und bedeutet in etwa „Abend vor Allerheiligen". Das christliche Allerheiligenfest findet am
15 1. November statt.
An Halloween ziehen Kinder als Hexen und Zauberer verkleidet von Haus zu Haus, machen Krach und bitten um Süßigkeiten.
20 Irische Einwanderer brachten den Brauch in die USA. Von dort hat er sich wieder nach Europa ausgebreitet.

November

Solchen Monat muss man loben:
Keiner kann wie dieser toben,
Keiner so verdrießlich sein
Und so ohne Sonnenschein!
5 Keiner so in Wolken maulen,
Keiner so mit Sturmwind graulen!
Und wie nass er alles macht!
Ja, es ist 'ne wahre Pracht!

Seht das schöne Schlackerwetter!
10 Und die armen welken Blätter,
Wie sie tanzen in dem Wind
Und so ganz verloren sind!
Wie der Sturm sie jagt und zwirbelt
Und sie durcheinander wirbelt
15 Und sie hetzt ohn' Unterlass:
Ja, das ist Novemberspaß!

O, wie ist der Mann zu loben,
Der solch unvernünft'ges Toben
Schon im Voraus hat bedacht
20 Und die Häuser hohl gemacht!
So, dass wir im Trocknen hausen
Und mit stillvergnügtem Grausen
Und in wohlgeborgner Ruh
Solchem Gräuel schauen zu!

Heinrich Seidel

Dezember

Es kommt eine Zeit
Da wird es still.
Da gehen die Lichter auf,
da kommt ein Wind,
5 ruft nach dem Fährmann.

Der träumt den Traum vom goldnen Schiff.
Das Schiff hat eine große Fahrt bei Nacht.
Es geht von Haus zu Haus.
Es fährt die Straßen auf und ab.
10 Es kommt durch alle Länder.
Es kommt durch alle Stuben.

Da bleibt ein goldner Schein zurück.

Elisabeth Borchers

Ein Fichtenbaum steht einsam

Im Norden auf kahler Höh
Ihn schläfert; mit weißer Decke
Umhüllen ihn Eis und Schnee.

Er träumt von einer Palme
5 Die, fern im Morgenland,
Einsam und schweigend trauert
Auf brennender Felsenwand.

Heinrich Heine

El Helge, das Rentier, erzählt von Mexiko

Hola, ihr Engel! Hier in Mexiko gibt es wirklich sehr ungewöhnliche Weihnachtsbräuche. Ich bin in der Nähe einer Stadt namens Oaxaca (gesprochen: Wachaka) angekommen, weit unten im Süden von Mexiko. Ausgerechnet in einer steinigen Gegend, in der außer stacheligen

5 Kakteen nichts wächst. Höchstens ein paar Radieschen. Auf jeden Fall nicht gerade das, was ein hungriges Rentier sucht. Und ich hatte solchen Hunger nach dem Flug. Aber wie ich da so rumstand mit knurrendem Magen, kam gerade eine Gruppe Wanderer vorbei. Lauter nette Leute, die auf der Suche nach einer Herberge waren. Als sie mich sahen,

10 haben sie alle gleich „Hola burro!" gerufen und mir sehr freundlich auf den Hals geklopft. Da habe ich mich ihnen angeschlossen, weil ich mir dachte, in einer Herberge gibt es sicher was zu futtern für mich. Gebratene Heuschrecken zum Beispiel, die sollen hier nämlich sehr lecker sein.

15 Aber eines war schon komisch. Wie sich herausgestellte, nannten sich die Wanderer alle Josef und Maria. Und mich hielten sie für einen Esel, für einen *burro,* wie es auf Spanisch heißt. „Aber nein! No, no!", habe ich gesagt. „Nix *burro*! Ich bin Helge Rentier", und habe ihnen zum Beweis mein Geweih gezeigt. Aber so ganz haben sie das anscheinend

20 nicht verstanden. Immerhin haben sie mich dann *El Helge, il burro* genannt. Vielleicht haben die Mexikaner einfach noch nie ein Rentier gesehen.

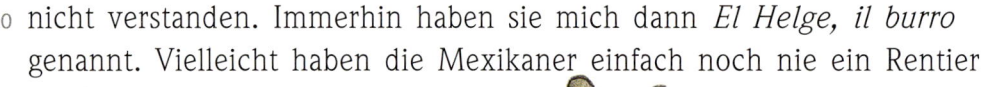

Die Herbergssuche hat dann sechs volle Tage gedauert. Aber die ganzen Josefs und Marias sagten, das machen sie immer so vor Weihnachten.

25 Immer dasselbe Spiel. Und das ging so: Wir sind hin zu einer Herberge und haben gesungen: „Lasst ihr uns rein?", und die haben geantwortet: „Nein, nein, nein." Tja, und dann mussten wir wieder weiterziehen. Madremia! Nie hat es geklappt, immer wurden wir abgewiesen. Und deswegen gab es auch nie Heuschrecken für mich. Nicht mal

30 ein Radieschen.

Aber das hat einen Grund. Die Mexikaner hier in Oaxaca basteln nämlich daraus ihre Krippenfiguren. Die Maria, der Josef und die Heiligen Drei Könige, ja sogar das Jesuskind – alle werden hier aus Radieschen geschnitzt.

35 Und diese Radieschenschnitzer, die beherrschen ihr Handwerk. Es ist sehr beeindruckend, wenn sich so eine Knolle plötzlich in den Josef verwandelt. Oder der König Balthasar von einem Büschel grüner Radieschenblätter gekrönt wird.

Am 24. wurden wir endlich in eine Herberge eingelassen. Dort war es

40 dann sehr feierlich. Eine Kapelle hat richtig fröhliche Weihnachtsmusik gespielt und wir haben dazu gesungen. Von der Decke hingen an langen Schnüren lauter bunte Tontöpfe. Die Kinder bekamen dann die Augen verbunden und versuchten, diese Tontöpfe mit dicken Stöcken kaputt zu schlagen. Zack, bumm, klirr! Bis sie es endlich geschafft hatten.

45 Aber wisst ihr, was herausgefallen ist? Lauter Süßigkeiten! Wieder nichts mit meinen Heuschrecken. Ich habe mir dann wohl oder übel den Bauch mit Schokolade und Bonbons vollgeschlagen. Hicks! Ach ja, und eins noch: Falls ihr mal nach Mexiko kommt und Hunger auf ein wenig Grünzeug verspürt, knabbert ja nicht an einem Kaktus! Mir pikt jetzt

50 noch das Zahnfleisch. Dann schon lieber Krippenfiguren. Also dann, grüßt mir *El Chefe*, den Weihnachtsmann. *Hastamananas!* *El Helge*

Renus Berbig

„Merii Kurisumasu" in Japan

Die japanischen Christen hatten bis zum 2. Weltkrieg eine lebendige Weihnachtstradition. Im Krieg galt Weihnachten jedoch als „Fest des Feindes" und verlor an Bedeutung. Heute gehört Weihnachten trotz der wenigen in Japan lebenden Christen zu den wichtigsten Festen
5 des Landes. Die wenigsten Japaner kennen allerdings seine religiöse Bedeutung; viele halten den 25. Dezember für den Geburtstag von Santa Claus. Japans Industrie stellt seit Jahrzehnten Weihnachtsartikel für den Weltmarkt her. So ist es kein Wunder, dass einige Bräuche wie der Christbaum oder das Truthahnessen speziell in den japanischen
10 Städten populär wurden. Der Weihnachtsbaum wird mit Papierlaternen, kleinen Geschenken und Kerzen geschmückt.
Der beliebteste Schmuck ist allerdings der aus Papier gefaltete Origami-Kranich. Er ist ein Symbol des Friedens und soll alle Menschen daran erinnern, nie wieder Krieg zu führen.
15 Die Geschenke bekommen die japanischen Kinder von „Hoteiosho", einem der Götter des japanischen Pantheon, oder von „Santa Kurohsu". Er hat auch am Hinterkopf ein Augenpaar und kann damit das Benehmen der Kinder das ganz Jahr hindurch genau beobachten!

Pit Budde, Josephine Kronfli

Und das nicht nur
zur Weihnachtszeit

Wer nach Bethlehem
fliegen will
in den Stall,
und wer meint,
5 dort ist auf jeden Fall
der Frieden billig zu kriegen,
der sollte woanders hinfliegen.

Wer nach Bethlehem
reisen will
10 zu dem Sohn,
und wer glaubt,
dort ist die Endstation
mit Vollpension für die Seelen,
der sollte was anderes wählen.

15 Wer nach Bethlehem
gehen will
zu dem Kind,
und wer weiß,
dass dort der Weg beginnt,
20 ein jedes Kind nur zu lieben,
der sollte es heute schon üben.

Hildegard Wohlgemuth

Für gute Frühlingslaune

Nimm jeden Morgen
einen Löffel Wärme,
eine Tüte voll Sonne,
eine Mütze voll Regen und Wind,
5 zwei Schultern, die sich dagegen stemmen,
und einen Mund voll Lachen,
dann wird es warm –
wo du bist,
bestimmt.

Elisabeth Zöller

Ostern 1944

Es liegt weit, weit zurück. So viele Jahre schon. Doch dieses eine
Osterfest wird immer in meinem Gedächtnis bleiben. Und jedes Mal,
wenn ich ein reich gefülltes Osternest erblicke, werde ich daran
erinnert. Wie jedes Jahr zuvor hatten wir Kinder auch dieses Mal

5 beschlossen, am Gründonnerstag das Moos vom Wald zu holen, für das
Osternest. Wir hatten bereits den Karton vom Speicher heruntergeholt,
der für das Moos bestimmt war. Doch dieses Mal kam alles anders.
Die Mutter kam gerade aus der Küche und sagte: „Dieses Jahr braucht
ihr kein Nest zu bauen, der Osterhase kommt nicht."

10 Mein kleiner Bruder schaute erschrocken auf: „Aber warum denn
nicht?"
„Ihr wisst, Kinder, es ist Krieg! Und es gibt nichts zu kaufen, auch für
den Osterhasen nicht. Die Geschäfte sind leer."
Ja, natürlich wussten wir, dass Krieg ist und alle Lebensmittel rationiert

15 sind. Für alles gibt es Marken. Für Fleisch, Butter, Nudeln, Milch und
Brot. Einfach für alles. Und Brot gab es nie genug, das musste ganz
genau eingeteilt werden.
Es gab keine Schokolade, schon lange nicht mehr, keine Zuckereier
und kein Gebäck. Aber dennoch, ein paar bunte Ostereier lagen bisher

20 jedes Jahr im Nest. Die Mutter hatte ein bisschen Mehl aufgespart,
ein wenig Zucker und ein Ei. Daraus hat sie kleine Mürbeteighäschen
gebacken. Die bekamen Augen aus getrockneten Pflaumenstücken,
Rosinen gab es auch nicht. Ein paar aufgesparte verschrumpelte Äpfel
oder getrocknete Apfelscheiben – und das Osternest war fertig.

25 Es war nicht viel, aber wir haben uns schon lange zuvor darauf
gefreut. Und dieses Jahr soll es nun gar nichts geben?
„Doch", sagte die Mutter. „Zum Osterfest gibt es von der Regierung
pro Kopf ein Ei als Sonderration. Aber zum Häschenbacken reicht
das Mehl nicht aus – und die Äpfel sind auch längst alle."

30 Ihre Stimme klang traurig und zitterte ein wenig. Dann brachten wir
den Mooskarton wieder auf den Speicher zurück. Für das nächste Jahr,
oder wenn der Krieg zu Ende ist. Dann gibt es vielleicht auch wieder

rationiert = zugeteilt

*Sonderration =
extra zugeteilte Menge*

Schokolade. An jenem Ostermorgen aber fragte die Mutter, wie nun jeder sein Ei haben möchte. Gebacken, als Rührei oder in Zwiebelscha-
35 len gekocht, dann wird es schön gelb. Osterfarben gab es keine.
„Es gibt noch eine vierte Möglichkeit", sagte die Mutter. „Das Ei in einem Suppenteller schaumig schlagen und etwas Salz dazu. Und da hinein dann das zerbröckelte Brot. Als Osterzugabe gibt es eine extra Scheibe Brot. Dieses Ei reicht dann für alle zwei Schnitten aus und
40 wird schön saftig sein."
So wurde es dann dennoch ein ganz schönes Fest, denn zwei Schei-ben Brot zum Frühstück gab es nicht alle Tage. Und vergnügt spießten wir die Brotstücke auf unsere Gabeln und zogen sie durch die klebrig gelbe Eimasse. Und Mutter hat Recht behalten. Ein rohes Ei hat
45 wirklich für beide Brote ausgereicht.

Anneliese Lussert

Von Hexen und Eisheiligen

Alt und unklar ist die Herkunft der Walpurgisnacht und der Eisheiligen. Beide stammen wahrscheinlich aus vorchristlichen Bräuchen. Man sagte: In der Walpurgisnacht vom 30. April auf den 1. Mai reiten die Hexen auf Besen zum Blocksberg und führen dort wilde Tänze auf.
5 Wo sie vorüberfegen, muss man einen Abwehrzauber bereit haben, damit sie nicht in die Häuser eindringen. Hier ein paar Rezepte: Geweihtes Salz auf die Türschwelle streuen. Harken, Rechen und Mistgabeln mit den Spitzen nach oben vor die Haustür stellen. Hexenfeuer auf den Feldern anzünden. Mit Dornengestrüpp die Stall-
10 türen verrammeln. Peitschenknallen und Böllerschießen.

Die Bezeichnung Walpurgisnacht kommt übrigens von Walburga, altdeutsch Walpurgis. Nach dem christlichen Kalender ist am 1. Mai Namenstag der heiligen Walpurgis. Sie ist eine beliebte Volksheilige und wird zur Hilfe bei Augenleiden und Geburten angerufen. Dass die
15 Nacht vor ihrem Namenstag von alters her die Hexennacht war, traf zufällig zusammen. Seither wird das Hexenfest Walpurgisnacht genannt, obwohl der Name einer Heiligen wirklich nicht dazu passt.

Mitte Mai, wenn alles schon in voller Blüte steht, kommt regelmäßig ein Rückschlag mit Kälte und manchmal sogar Nachtfrost. Das sind die
20 Eisheiligen. Früher waren sie heidnische Gottheiten, jetzt sind sie zu christlichen Wetterheiligen geworden.
Die Tage der drei Eismänner sind der 12., 13. und 14. Mai.
Den Schluss macht am 15. Mai eine Eisfrau. Sie wird im Volksmund „kalte Sophie" genannt. In Wirklichkeit war diese Sophie eine
25 Märtyrerin aus der Zeit der ersten Christenverfolgungen. Jeder, der einen Garten oder Balkonblumen hat, weiß, dass empfindliche Pflanzen erst nach den Eisheiligen ins Freie gesetzt werden dürfen – und das ist bestimmt kein Aberglaube!

Christiane Kutik, Eva Marie Ott-Heidmann

Märtyrer: Menschen, die bereit sind, für ihre Überzeugungen einen gewaltsamen Tod zu erdulden

Gesang vom Aufruhr der Maikäfer

Die Maikäfer haben im Maikäferbund
Beschlossen, die Welt zu verwirren.
Der Maikäferbund sieht durchaus keinen Grund,
Dass die Maikäfer hier auf dem Erdenrund
5 Nur im Mai durch die Frühlingsluft schwirren.

Der Maikäferbund ist aufs Tiefste betrübt,
Weil es auch im modernen Jahrhundert
Weder März- noch April- noch Augustkäfer gibt!
Nur als Maikäfer sind sie gehasst und geliebt,
10 Was den Käferbund ärgert und wundert.

Der Maikäferbund fasste rasch den Beschluss,
Zu verschiedenen Zeiten zu schwirren.
Und legte man fest, wer im heißen August,
Wer zur Herbst- und zur Winterzeit ausschlüpfen muss,
15 Um die Menschheit dadurch zu verwirren.

Vom Enger- zu Engerling lief der Befehl
Tief unter dem Erdboden weiter.
Dort machte man ab, wer im kühlen April,
Wer im Juli, August oder März schlüpfen will.
20 Und man kicherte, arglos und heiter.

Aber dann kam der Mai, und die Luft war so lau
Und der Himmel voll Licht und voll Bläue,
Und der Flieder brach auf und es grünte die Au;
Und ob Maikäfermann oder Maikäferfrau;
25 Sie sehnten sich alle ins Freie!

Umsonst die Befehle vom Maikäferverein
Und das Pochen auf Bundesbeschlüssen:
Die Maikäfer müssen im Mai Käfer sein!
Dann müssen sie fliegen. Da hilft kein Verein.
30 Sie ändern die Welt nicht. Sie müssen!

James Krüss

Sommerfrische

Zupf dir ein Wölkchen aus dem Wolkenweiß,
Das durch den sonnigen Himmel schreitet.
Und schmücke den Hut, der dich begleitet,
Mit einem grünen Reis.
5 Verstecke dich faul in der Fülle der Gräser
Weil's wohltut, weil's frommt.
Und bist du ein Mundharmonikabläser
Und hast eine bei dir,
Dann spiel, was dir kommt.
10 Und lass deine Melodien lenken
Von dem freigegebenen Wolkengezupf.
Vergiss dich. Es soll dein Denken
Nicht weiter reichen als ein Grashüpferhupf.

Joachim Ringelnatz

Reife

An verstaubten Straßenrändern,
am verblühten Schlehdornhag
durch den reifen Sommertag
wunschlos, wahllos, ziellos schlendern ...
Sonnentrunkne Falter irren
taumelnd über Korn und Mohn, –
aus den Feldern kommt ein Ton
leis und scharf wie Sensenschwirren.

Clara Müller

Sommergewitter

Um Mitternacht wachte Joe auf und rief Tom und Huck an. Drückende,
bedrohliche Schwüle lag in der Luft. Die Jungs rückten, obwohl ihnen die
dumpfe bleierne Luft fast den Atem nahm, noch näher beim freundlichen
Feuer zusammen. Sie saßen still gespannt da und warteten. Jenseits des
5 Feuerscheins ruhte alles verschlungen von der schwarzen Nacht.
Mit einem Mal zitterte es glühend auf, und für den Augenblick sah man
deutlich das Blattwerk. Es kam wieder, häufiger und immer stärker.
Nun fuhr ein leiser, seufzender Luftzug durch die Baumkronen, die Jungs
spürten ein Wehen, einen Hauch im Gesicht, was sie erschauern ließ,
10 als fahre der Geist der Nacht an ihnen vorüber. Eine Zeitlang schien es
ruhig, dann zuckte ein geisterhafter Blitz durch die Finsternis und
machte alles taghell, zeigte klar und scharf jedes einzelne Grashälmchen
in der Runde und auch die drei weißen aufgeschreckten Gesichter.
Dumpf rollend hallte der Donner von den Wolken und verlor sich in
15 der Ferne, grollend. Ein kalter Luftzug, der vorbeiflutete, störte raschelnd
die Blätter auf und machte weiße Asche wie Schneeflocken tanzen.
Wieder blendete ein greller Schlag den Wald auf, und ihm folgte
der Donner so plötzlich, dass die Baumkronen über den Jungens wie
zerschmettert schienen. In dem Düster, das folgte, klammerten sich
20 die Kinder aneinander. Und nun platzten dick ein paar Regentropfen
auf die Blätter.
„Leute, macht schnell, rein ins Zelt!", rief Tom.
Sie sprangen aufgescheucht davon, stolperten über Baumwurzeln und
Weinranken, so dunkel war es, und liefen in ganz verschiedene Richtungen.
25 Ein orkanartiges Brausen, das alles aufsingen ließ, fuhr durch die Bäume.
Ein Blenden folgte nun dem andern und dazwischen immer das betäubende
Rollen des Donners. Aber jetzt prasselte auch der erste Regenguss herab,
der wachsende Orkan trieb die Schauer in Schleiern vor sich her. Die Jungs
schrien sich zu, doch der Wind überbrüllte sie, und der hallende Donner
30 erstickte alles, auch die Stimmen. So kämpften sie sich einer nach dem
andern, endlich in den Wetterschutz, duckten sich dort zähneklappernd
vor Kälte, angstvoll und bis auf die Haut nass, aber jeder von ihnen

dankbar, in diesem Wüten nicht allein zu sein. Reden konnten sie nicht miteinander, allein das klatschende Flattern des Segels machte alle Worte

35 unverständlich.

Noch immer wuchs der Sturm, plötzlich riss das Segel los und schlug im scharfen Windzug davon. Die Jungs fassten sich bei den Händen und flüchteten, stürzend, sich die Haut abschürfend, unter den Schutz einer großen Eiche nahe am Flussufer. Das Gewitter hatte nun seinen Höhepunkt

40 erreicht. Unter pausenlosem Blitzen stand alles nah und fern wie in greller künstlicher Beleuchtung, mit scharfen Umrissen, schattenlos.

Durch den treibenden Regenschleier, der für Augenblicke aufgerissen wurde, sah man, wie die Bäume sich beugten. Der aufgepeitschte Fluss stand voller Schaum, die Schaumflocken flatterten, und trüb erschienen

45 am Gegenufer die steilen Umrisse. Man hörte, wie ein Baumriese den Kampf aufgab und schwer ins junge Unterholz krachte. Die Kanonade der Donnerschläge kam nun in durchdringenden, Gefahr drohenden Salven. Der Orkan schien eine riesige Anstrengung zu machen, alles auf der Insel in Stücke zu reißen, sie platt zu wälzen, auszuräuchern, bis zu den Baumwipfeln

50 zu ersäufen, in alle Winde zu blasen, zu betäuben, alles in einem einzigen gipfelnden Augenblick.

Aber da war das Wüten vorüber. Die Gewalten zogen sich zurück, drohten nur noch vereinzelt und grollten schwächer, als behaupte der Friede nun sein Recht. Jetzt erst wagten sich die Kinder, immer noch furchtsam und voll

55 Respekt, zum Lager zurück. Auf sie wartete eine atemberaubende Überraschung: die große Sykomore, unter der sie ihre Lagerstatt hatten, war vom Blitz zerspalten. Wahrhaftig, sie hatten gut daran getan, wegzulaufen.

Mark Twain

Wie es weitergeht, erfährst du in dem Kinderbuchklassiker „Tom Sawyers Abenteuer" von Mark Twain.

Die Lesebuch-Reise mit Tipps und Tricks

Die Lesebuch-Reise zeigt dir Tipps und Tricks, die dir helfen,
Texte besser verstehen oder besser lesen zu können.
Auf den folgenden Seiten sind alle aus den bisherigen Karibu-Bänden bekannten
und auch einige neue Textverständnis- und Lesehilfen für dich aufgeführt.

Ein Lesetagebuch führen

Wenn du ein Lesetagebuch führst,
kannst du dich mit dem Inhalt
des Gelesenen sehr intensiv
auseinandersetzen.
Du kannst in einem Lesetagebuch
alles aufschreiben und aufmalen,
was dir beim Lesen des Buches
einfällt und wichtig erscheint.

So funktioniert es:

- Notiere das Datum und das Kapitel, das du gerade gelesen hast.
- Verändere die Geschichte an manchen Stellen, schmücke sie aus oder helfe deinem Helden bei seinen Abenteuern.
- Schicke einen Brief oder eine Postkarte an die Hauptfigur.
- Zeichne ein neues Titelblatt.
- Schreibe einen Zeitungsartikel über ein Ereignis im Buch.
- Bastle ein Plakat.
- Über was könnten sich zwei Figuren der Geschichte unterhalten? Schreibe auf.
- Was ist wichtig und muss aufgeschrieben werden?
- Gestalte ein Werbeplakat.
- Schreibe einen Brief an den Autor/die Autorin.
- Was findest du besonders lustig?
- Was findest du besonders traurig?
- Such dir eine Figur der Geschichte aus und schreibe ein Abenteuer aus ihrer Sicht.

26. November
Kapitel 2
„Frühstück für ein Ungeheuer"

Ihr glaubt nicht, was mir
heute passiert ist.
Ich war so durcheinander und bin
einfach losgelaufen.
Plötzlich stand ich vor einem Haus.
Durch die Glasscheibe habe ich einen
Jungen gesehen. Der sah sehr nett aus.
Aber in seinem Wohnzimmer wollte er
mich nicht haben. Jetzt stehe ich in
der Garage seines Vaters.
Zumindest hat er das so gesagt.
Und ich habe schreckliche Angst …

27. November
Kapitel 3
„Milchmann soll unsichtbar werden"

Lieber Herman!

Mein Name ist Malte Taler und ich
lese gerade die Geschichte über dich
und das Pferd Milchmann.
Bist du dir wirklich sicher, dass das
Pferd Milchmann heißt? Das passt
doch eigentlich besser zu einer Kuh.
Ich habe auch überlegt, was MM
bedeuten könnte.
Aber mir fiel nur meckernde Mama
ein und das passt wirklich überhaupt
nicht!
Hoffentlich findest du einen Stall für
Milchmann.

Bis bald
Dein Malte

Erwartungen an den Text
anhand der Überschrift formulieren

Wenn du das erste Mal ein Buch in der Hand
hältst oder eine Überschrift liest, dann gehen dir
sicher viele Ideen dazu durch den Kopf. Notiere
deine ersten Eindrücke. Sie helfen dir, dich mit
dem Thema vertraut zu machen.

Das Findelkind vom Watt

Watt – damit ist sicher das Wattenmeer
an der Nordsee gemeint. Die Geschichte
spielt also am Meer.
Findelkind – es geht wohl darum, dass
ein Kind seine Eltern verloren hat.

Texte überfliegen

Du kannst einen längeren Text überfliegen und musst ihn nicht Wort für Wort
lesen. Das kann dir helfen, wenn du ganz gezielt nach bestimmten Informationen
suchst oder wenn du dir einen ersten Überblick verschaffen willst.

Ich verschaffe mir einen ersten Überblick.

1885 gelang es Gottlieb Daimler zusammen mit
seinem Mitarbeiter Wilhelm Maybach, einen Benzin-
motor zu konstruieren. Sie bauten diesen Motor in ein
Motorrad ein. Der hölzerne Petroleum-Rennwagen
sah zwar eher aus wie ein Laufrad, aber als Daimlers
Sohn Paul die erste öffentliche Ausfahrt unternahm,
funktionierte er ausgezeichnet. Für die Stützräder
würden sich heutige Motorradfahrer aber wohl etwas
schämen.
Anschließend konstruierten Daimler und Maybach
einen Motorschlitten und ein Motorboot, bevor sie
im Herbst 1886 einen 1,5-PS-Motor in eine Pferde-
kutsche einbauten. Die „Motorkutsche" war der erste
brauchbare vierrädrige Motorwagen der Welt. Einen
Motorwagen mit drei Rädern gab es allerdings schon!
Gerade mal ein knappes Jahr vorher war ihnen da
jemand zuvorgekommen …
Nicht weit von Daimlers Wohnort entfernt war es dem
Mannheimer Maschinenbauer Karl Benz im Jahr 1885
ebenfalls gelungen, ein Straßenfahrzeug mit Benzin-
motor zu bauen …

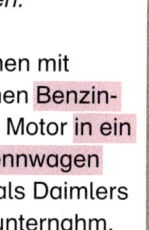

*Ich möchte wissen, wer an der Erfindung
des heutigen Automobils beteiligt war und
welche Zwischenschritte dafür nötig waren.*

1885 gelang es Gottlieb Daimler zusammen mit
seinem Mitarbeiter Wilhelm Maybach, einen Benzin-
motor zu konstruieren. Sie bauten diesen Motor in ein
Motorrad ein. Der hölzerne Petroleum-Rennwagen
sah zwar eher aus wie ein Laufrad, aber als Daimlers
Sohn Paul die erste öffentliche Ausfahrt unternahm,
funktionierte er ausgezeichnet. Für die Stützräder
würden sich heutige Motorradfahrer aber wohl etwas
schämen.
Anschließend konstruierten Daimler und Maybach
einen Motorschlitten und ein Motorboot, bevor sie
im Herbst 1886 einen 1,5-PS-Motor in eine Pferde-
kutsche einbauten. Die „Motorkutsche" war der erste
brauchbare vierrädrige Motorwagen der Welt. Einen
Motorwagen mit drei Rädern gab es allerdings schon!
Gerade mal ein knappes Jahr vorher war ihnen da
jemand zuvorgekommen …
Nicht weit von Daimlers Wohnort entfernt war es dem
Mannheimer Maschinenbauer Karl Benz im Jahr 1885
ebenfalls gelungen, ein Straßenfahrzeug mit Benzin-
motor zu bauen …

Die Lesebuch-Reise mit Tipps und Tricks

Texte in Abschnitte einteilen

Bei einem langen Text musst du viel lesen und verstehen.
Wenn du den Text in sinnvolle Abschnitte einteilst, wird er übersichtlicher.

Textabschnitten Überschriften geben

Wenn du deinen Textabschnitten Überschriften gibst, wird der lange Text verständlicher und du kannst ihn besser zusammenfassen.

Till Eulenspiegel hat dem Herzog von Lüneburg einen Streich gespielt. Der Herzog befahl deshalb: „Eulenspiegel darf nie mehr mein Land betreten."

Aber Eulenspiegel kam wieder in das Lüneburger Land und ging in ein Dorf bei Celle und wartete, bis der Herzog wieder gen Celle reiten wollte.

Da sah er einen Bauern ackern. Eulenspiegel hatte ein anderes Pferd bekommen, dazu einen Sturzkarren. Er fuhr zu dem Bauern und fragte ihn, wem der Acker gehöre, den er bearbeite.

Der Bauer sprach: „Er ist mein, ich hab ihn ererbt." Da fragte ihn Eulenspiegel, was er ihm geben sollte für einen Karren voll Erde. Der Bauer sprach: „Einen Schilling nehm ich dafür."

Eulenspiegel gab ihm den Silberpfennig und warf den Karren voll Erde von dem Acker, setzte sich da hinein und fuhr vor die Burg zu Celle an der Aller.

Als nun der Herzog geritten kam, da wurde der Eulenspiegel gewahr, wie er in dem Karren saß, bis an die Schultern in der Erde. Da sprach der Herzog: „Eulenspiegel, ich hatte dir mein Land verboten; wenn ich dich darin fände, wollte ich dich henken lassen." ...

Der Herzog verbietet Eulenspiegel, sein Land zu betreten.

Eulenspiegel kehrt zurück.

Eulenspiegel trifft einen Bauern.

Eulenspiegel erfährt, dass dieses Land dem Bauern gehört.

Eulenspiegel kauft dem Bauern Erde ab und nimmt sie mit.

Der Herzog sieht Eulenspiegel, wie er in einem Karren mit Erde sitzt.

Fragen an den Text stellen

Um dir den Inhalt von Texten zu erschließen,
kannst du Fragen an den Text stellen.

Was durfte Eulenspiegel
daraufhin nicht mehr?

Wem hat Eulenspiegel
einen Streich gespielt?

Wen trifft
Eulenspiegel?

Was macht Eulenspiegel
mit der Erde?

Einen Stichwortzettel erstellen

Du kannst wichtige Wörter aus dem Text
auf einem Stichwortzettel notieren.
Dies bietet sich an, wenn du keine Möglichkeit hast,
wichtige Textstellen direkt im Text zu markieren.
Die wichtigen Wörter helfen dir dabei,
den Text leichter zu verstehen und
zusammenzufassen.

Halloween:

31. Oktober
Fest zum Winteranfang
ursprünglich Dämonen
und Geister vertreiben
All Hallow's Eve
= Allerheiligen

Halloween
In der Nacht vom 31. Oktober auf den 1. November feiern viele Menschen
Halloween. Ursprünglich war es ein keltisches Fest zum Winteranfang (Samhain
genannt), bei dem Dämonen und böse Geister vertrieben werden sollten. Mit der
Ausbreitung des Christentums verwandelte sich allmählich auch das Fest der
Kelten und sein Name. Aus Samhain wurde Halloween. Das Wort leitet sich
von „All Hallow's Eve" ab und bedeutet in etwa „Abend vor Allerheiligen".
Das christliche Allerheiligenfest findet am 1. November statt.

Texte markieren

Du kannst Textstellen markieren, die ganz besonders wichtig sind.
Und du kannst Textstellen markieren, die du nicht verstehst.
Verwende unterschiedliche Farben für wichtige Textstellen und
für Textstellen, die du nicht verstehst.

Merke: Markiere nie im Buch direkt, sondern immer auf einer Folie oder
auf einer Kopie.

Halloween

In der Nacht vom 31. Oktober auf den 1. November feiern viele Menschen
Halloween. Ursprünglich war es ein keltisches Fest zum Winteranfang
(Samhain genannt), bei dem Dämonen und böse Geister vertrieben werden soll-
ten. Mit der Ausbreitung des Christentums verwandelte sich allmählich auch das
Fest der Kelten und sein Name. Aus Samhain wurde Halloween. Das Wort leitet
sich von „All Hallow's Eve" ab und bedeutet in etwa „Abend vor Allerheiligen".
Das christliche Allerheiligenfest findet am 1. November statt.

Unbekannte Begriffe oder Textstellen klären

Es gibt verschiedene Möglichkeiten, Textstellen zu klären,
die du nicht verstehst:
• Lies die Zeilen davor und danach ganz genau;
  vielleicht ergibt sich der Sinn aus dem Zusammenhang.
• Besprich mit einer anderen Person, was die Textstelle oder
  der Begriff bedeuten könnten.
• Schlage unbekannte Begriffe in einem Wörterbuch oder
  in einem Lexikon nach.

Ein Schaubild oder eine Tabelle erstellen

Texte mit vielen Informationen werden manchmal klarer,
wenn du eine Grafik oder eine Tabelle dazu erstellst.

Su und Salome gehen in den Zoo.
Beide wollen das Eisbärbaby sehen.
Eine von beiden möchte zu den Pinguinen und den Delfinen.
Die andere möchte sich lieber die Papageien und Flamingos ansehen.
Su findet Flamingos langweilig, zu den Papageien möchte sie aber unbedingt.

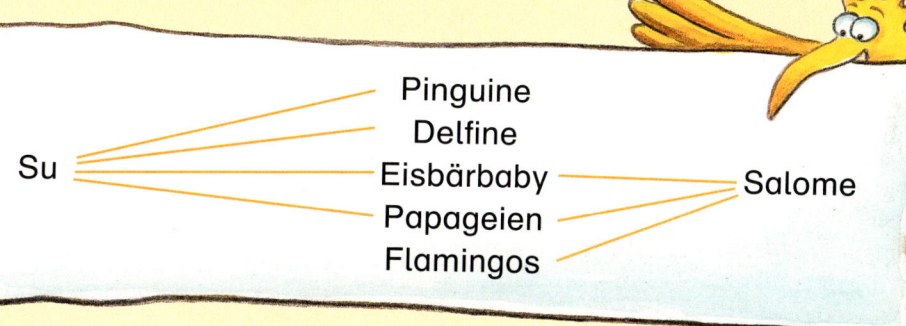

Su: Pinguine, Delfine, Eisbärbaby, Papageien
Salome: Eisbärbaby, Papageien, Flamingos

	Pinguin	Delfin	Eisbärbaby	Papagei	Flamingo
Su	✔	✔	✔	✔	✗
Salome	✗	✗	✔	✔	✔

Die Lesebuch-Reise mit Tipps und Tricks

Sinnbetont vorlesen

Beim Vorlesen wird dein Text für die Zuhörer verständlicher,
wenn du an einigen Stellen Pausen machst:
Mache nach jedem Komma eine kurze Pause -
und immer, wenn ein Satz zu Ende ist, eine längere Pause --.
Dein Text wird für die Zuhörer interessanter,
wenn du zusätzlich darauf achtest,
wie sich die Personen im Text fühlen.
Verändere deine Stimme entsprechend.

„Ich kann nicht mehr", - sagte Snickers und plumpste vor der Feuerwehreinfahrt in den Schnee. -- „Ich glaube, - wir müssen ganz schnell was machen, - sonst frieren wir ein", - sagte er und guckte auf seine blauen Finger. -- Und wie er so guckte, - guckten wir alle auf unsere blauen Finger - und fragten uns, - was als Nächstes passieren würde. -- …
„Ich geh mal in die Garage", - sagte Zement und ging auf die Garage der Feuerwehr zu. -- Er zog das große Tor auf und ging rein. --
„Die Garage ist offen", - rief ich. --
„Ich glaub's ja nicht!", - rief Island. --

Snickers ist erschöpft.

Snickers spricht leicht verzweifelt.

Neutrale Erzählerstimme

Der Ich-Erzähler und Island sind sehr überrascht und freuen sich.

Nicht so schnell; mach mal 'ne Pause.

Aussagen mit Textstellen belegen

Wenn du Fragen zu einem Text beantworten sollst,
wirst du überzeugender, wenn du die Textstellen nennst,
in denen du die Antwort gefunden hast.

Der Mond ist im Weltall unser nächster Nachbar.
Wir bezeichnen ihn auch als unseren Satelliten,
weil er sich um die Erde dreht. Der Mond entstand
wahrscheinlich, als ein Kleinplanet vor 3,3 Milliarden Jahren auf die noch glühende Erde aufschlug.

Der Kinderbrockhaus

Wann ist der Mond entstanden?
Der Mond entstand wahrscheinlich
vor 3,3 Milliarden Jahren.

Der Kinderbrockhaus, Zeile 3/4

Anhang

Textauszüge aus Kinderbüchern mit Ganzschriftempfehlung

„Nicht mit Timo" von Regina Rusch. (S. 10–12)
„Die Kurzhosengang" von Victor Caspak und Yves Lanois (alias Zoran Drvenkar). (S. 26–27)
„Winn-Dixie" von Kate DiCamillo. (S. 31–35)
„Rico, Oskar und die Tieferschatten" von Andreas Steinhöfel. (S. 38–41)
„Das Findelkind vom Watt" von Dieuwke Winsemius. (S. 46–47)
„4 1/2 Freunde und der Schulfest-Skandal" von Joachim Friedrich. (S. 52–53)
„Der kleine Hund, der unbedingt ein Mädchen haben wollte" von Sari Peltoniemi. (S. 82–83)
„Tom Sawyers Abenteuer" von Mark Twain. (S. 152–153)

Quellennachweis

Äsop: *Der Tiger, der Wolf und der Fuchs* aus: Volksgut. (S. 133)

Auer, Martin: *Tischrede* aus: Neles Tagebuch zum Staunen, Nachdenken und Mitmachen hrsg. von Rainer Oberthür, Kösel, München 2006. (S. 134)

Ausländer, Rose: *In dir* aus: In dir wie ein Tag aus Glut und Wind. Gedichte 1980–1982, S. Fischer-Verlag, Frankfurt am Main 1986. (S. 127)

Bartos-Höppner, Barbara: *Die Reise nach Russland* aus: Das große Buch der schönsten Schwänke, Arena Verlag, Würzburg 1979. (S. 116–117)

Berbig, Renus: *El Helge, das Rentier, erzählt von Mexiko* aus: Unglaubliche Weihnachten. 24 Rätselreisen um die Welt, Deutscher Taschenbuch Verlag, München 2008. (S. 142–143)

Borchers, Elisabeth: *Dezember* aus: Weihnachtsgedichte und Weihnachtslieder für Kinder, Insel Verlag, Frankfurt am Main und Leipzig 2009. (S. 141)

Blyton, Enid: *Der Berg der Abenteuer* (Textauszug) übersetzt von Johanna Ellsworth, Erika Klopp Verlag, Berlin 2001. (S. 68–69)

Budde, Pit / Kronfli, Josephine: *Merii Kurisumasu in Japan* aus: Santa, Sinter, Joulupukki: Weihnachten hier und anderswo, Ökotopia Verlag, Münster 2002. (S. 144)

Busch, Wilhelm: *Es spukt* aus: Jetzt ist der Herbst endlich da! hrsg. von Ilka Sokolowski und Silvio Neuendorf, Sauerländer, Düsseldorf 2007. (S. 139)

Busta, Christine: *Worte* aus: Großer Ozean, Gedichte für alle hrsg. von Hans-Joachim Gelberg, Beltz und Gelberg, Weinheim und Basel 2006. (S. 134)

Caspak, Viktor und Lanois, Yves: *Ein Feuerwehrwagen, die Kurzhosengang und ganz viel Schnee* aus: Die Kurzhosengang, Hamburg, Carlsen, 2006. (S. 26–27)

DiCamillo, Kate: *Despereaux – Von einem, der auszog, das Fürchten zu verlernen* (Textauszug), Deutscher Taschenbuch Verlag, München 2005. (S. 36–37)
Winn-Dixie (Textauszug), Deutscher Taschenbuch Verlag, München 2003. (S. 31–35)

Ernst, Otto: *Nis Randers* aus: Stimmen des Mittags, L. Staackmann, Leipzig 1901. (S. 70–71)

Friedrich, Joachim: *4 1/2 Freunde und der Schulgarten-Skandal* aus: 4 1/2 Freunde und der Schulfest-Skandal. Thienemann, Stuttgart/Wien 2003. (S. 52–53)

Funke, Cornelia: *Igraine Ohnefurcht* (Textauszug), Cecilie Dressler Verlag, Hamburg 1998. (S. 102–104)

Gernhardt, Robert: *Die indischen Krüge* aus: Der Weg durch die Wand, Insel Verlag, Frankfurt am Main 1982. (S. 130–131)

Goethe, Johann Wolfgang von: *Der Zauberlehrling* aus: Ausgabe letzter Hand, J. B. Cotta, Tübingen und Stuttgart 1827. (S. 105–106)

Haas, Meike: *Milena und die tollste Schule der Welt* (Textauszug), Arena Verlag, Würzburg 2010. (S. 92–94)

Hanisch, Hanna: *Meine zweimal geplatzte Haut* aus: Wenn die weißen Riesenhasen abends übern Rasen rasen. Die schönsten Kindergedichte hrsg. von Ursula Zakis, Sanssouci, Carl Hanser Verlag, München 2007. (S. 5)

Heine, Heinrich: *Ein Fichtenbaum steht einsam* aus: Im Mondlicht wächst das Gras. Gedichte für Kinder und alle im Haus hrsg. von Andresen und Wiesmüller, Ravensburger Buchverlag, Ravensburg 2006. (S. 141)

Herder, Johann Gottfried von: *Der Löwe und die Stiere* aus: Das große Fabelbuch für Kinder hrsg. von Sybil Gräfin Schönfeldt und Monika Laimgruber, Annette Betz Verlag, Wien/München 1997. (S. 78)

Heuel, Hubertus: *Sinah Erler will Lokführerin werden* aus: www.derwesten.de vom 03.03.10, © 2011 WAZ NewMedia GmbH & Co. KG. (S. 25)

Jatzek, Gerald: *Der Wiesentroll* aus: Der Lixelhix, Jugend und Volk, Wien 1986. (S. 109)

Kästner, Erich: *Schulstreich mit Folgen* aus: Das fliegende Klassenzimmer, Cecilie Dressler Verlag, Berlin o. J. (S. 97–99)

Kaléko, Mascha: *Der Herbst* aus dem Zyklus *Die vier Jahreszeiten* aus: Die paar leuchtenden Jahre, Deutscher Taschenbuch Verlag, München 2003. (S. 138)

Knesebeck, Christine von dem: *Ob ich ihr sag, dass ich sie mag* aus: Großer Ozean hrsg. von Hans-Joachim Gelberg, Beltz und Gelberg, Weinheim und Basel 2000. (S. 9)

Krausnick, Michail: *Werbespott* aus: Großer Ozean hrsg. von Hans-Joachim Gelberg, Beltz und Gelberg, Weinheim und Basel 2000. (S. 65)

Krenzer, Rolf: *Der Rattenfänger von Hameln* aus: Wir spielen unsere Märchen. Kleine Theaterstücke für Kindergarten und Grundschule, Lahn Verlag, Limburg 2000. (S. 122–125)

Krüss, James: *Gesang vom Aufruhr der Maikäfer* aus: Der Leuchtturm auf den Hummerklippen, Carlsen Verlag, Hamburg 1999. (S. 150)

Kruse, Max: *Till Eulenspiegel – König der Schelme* aus: Max Kruse erzählt WIE DIE SCHUHE FLIEGEN LERNTEN und andere Schelmengeschichten, Franz Schneider Verlag, München 1992. (S. 119)
Wer sind die Schildbürger? Ebd. (S. 114)
Wie die Schildbürger ihr Rathaus bauten Ebd. (S. 114–115)

Kuijer, Guus: *Wunder kann man nicht bestellen* (Textauszug) übersetzt von Sylke Hachmeister, Oetinger, Hamburg 2004. (S. 13–15)

Kutik, Christiane/Ott-Heidmann, Eva Marie: *Von Hexen und Eisheiligen* aus: Im Frühling und zur Osterzeit. Geschichten und Bräuche hrsg. von Tilde Michels, Arena Verlag, Würzburg 2002. (S. 149)

Lenzen, Hans Georg: *Knopf-Parade* aus: Apfel, Nuss und Schneeballschlacht hrsg. von Rotraut Susanne Berner, Gerstenberg, Hildesheim 2006. (S. 138)

Ludwig, Otto: *Ein Bild* aus: Studien. Gesammelte Schriften, Leipzig 1860. (S. 135)

Lussert, Anneliese: *Ostern 1944* aus: Wenn die Frühlingssonne lacht hrsg. von Irmchen und Ludger Edelkötter, Union Verlag, Stuttgart 1992. (S. 147–148)

Mai, Manfred: *Leonie ist verknallt* (Textauszug), Ravensburger Buchverlag Otto Maier GmbH, Ravensburg 1997. (S. 6–8)

Manz, Hans: *Denken* aus: Die Welt der Wörter. Sprachbuch für Kinder und Neugierige, Beltz und Gelberg, Weinheim und Basel 1991. (S. 133); *Was im Buche steht* aus: Die

Welt der Wörter. Sprachbuch für Kinder und Neugierige, Beltz und Gelberg, Weinheim und Basel 1996. (S. 135)

Martens, Katrin: *Die Königin und die Kinderrechte* aus: Neue Rhein Zeitung (NRZ) vom 13.09.2009. (S. 88)

McDonald, Megan: *In Mister Müll-Laune* aus: Judy Moody rettet die Welt. Deutscher Taschenbuch Verlag, München 2003. (S. 48–49)

Müller, Clara: *Reife* aus: Klara Müller-Jahnke. Gedichte hrsg. von Oskar Jahnke, Buchhandlung Vorwärts, Berlin o. J. (ca. 1910). (S. 151)

Nahrgang, Frauke: *Das Fahrrad-Geheimnis* aus: Das Schulhofgeheimnis, cbj, München 2005. (S. 18–21)
Teufelskicker – Das Buch zum Film (Textauszug), cbj, München 2010. (S. 56–57)

Oberthür, Rainer: *Zwei Luftballons, zwei Kinder, eine Welt und ein Augenblick* aus: Neles Tagebuch zum Staunen, Nachdenken und Mitmachen, Kösel, München 2006. (S. 128)

Peltoniemi, Sari: *Der kleine Hund, der unbedingt ein Mädchen haben wollte* (Textauszug), Nagel und Kimche im Carl Hanser Verlag, München/Wien 2007. (S. 82–83)

Petri, Walther: *Umwelt* aus: Großer Ozean hrsg. von Hans-Joachim Gelberg, Beltz und Gelberg, Weinheim und Basel 2000. (S. 43)

Recheis, Käthe: *Der geheimnisvolle Wald* aus: Der weiße Wolf, Herder & Co., Wien 1982. (S. 110–113)

Riel, Joern: *Verschollen im Treibeis* aus: Im Land der Inuit – die Reise nach Grönland, Patmos Verlag GmbH & Co. KG Sauerländer, Düsseldorf 2007. (S. 74–75)

Ringelnatz, Joachim: *Sommerfrische* aus: 103 Gedichte, Rowohlt, Berlin 1933. (S. 151)

Rusch, Regina: *Nicht mit Timo* (Textauszug), Omnibus, München 2007. (S. 10–12)

Sandner, Anna: *Schule ohne Noten* aus: www.geolino.de/Mensch, Gruner + Jahr AG & Co KG, Hamburg 2011. (S. 96)

Sasinka, Corinna: *Die Heuler von Friedrichskoog* aus: www.geolino.de, Gruner + Jahr AG & Co KG, Hamburg 2011. (S. 44–45)

Savory, Phyllis: *Der Hase und der Baumgeist – ein afrikanisches Märchen* aus: Meine afrikanischen Lieblingsmärchen hrsg. von Nelson Mandela und Matthias Wolf, Deutscher Taschenbuch Verlag, München 2006. (S. 79–81)

Seidel, Heinrich: *November* aus: Apfel, Nuss und Schneeballschlacht hrsg. von Rotraut Susanne Berner, Gerstenberg, Hildesheim 2006. (S. 140)

Steffensmeier, Alexander: *Wie das Auto erfunden wurde* aus: Gute Idee! Erfinder verändern die Welt, Patmos Sauerländer Verlag, Düsseldorf 2007. (S. 22–23)

Steinhöfel, Andreas: *Das Ferientagebuch* aus: Rico, Oskar und die Tieferschatten, Carlsen Verlag GmbH, Hamburg 2008. (S. 38–41)

Tegetthoff, Folke: *Tausend Spiegel* aus: Das große Fabelbuch für Kinder hrsg. von Sybil Gräfin Schönfeldt und Monika Laimgruber, Annette Betz Verlag, Wien/München 1997. (S. 129)

Toivonen, Sami: *Wie das Helmfahrrad erfunden wurde* aus: Tatu und Patu und ihre verrückten Maschinen,

Thienemann, Stuttgart/Wien 2010. (S. 22)

Tolkien, John R. R.: *Alles über Hobbits* aus: Der kleine Hobbit, Georg Bitter Verlag KG, Recklinghausen 1971. (S. 107–109)

Tuckermann, Anja: *Wie Nasreddin Hodscha aus Sivrihisar in Akschehir lebte* aus: Ein Buch für Yunus, Deutscher Taschenbuch Verlag, München 2008. (S. 132)

Twain, Mark: *Sommergewitter* aus: Tom Sawyers Abenteuer, Siegbert Mohn Verlag, Gütersloh 1963. (S. 152–153)

Uhland, Ludwig: *Der weiße Hirsch* aus: Gedichte für Kinder hrsg. von Hans Rüdiger Schwab, Insel Verlag, Frankfurt am Main 1983, S. 217–218. (S. 76)

Weinrebe, Helge: *Die sieben Schwaben* aus: Das Kindergartengeschichtenbuch hrsg. von Helge Weinrebe, Verlag Herder, Freiburg im Breisgau 2009. (S. 120–121)

Winsemius, Dieuwke: *Das Findelkind vom Watt* (Textauszug), Erika Klopp Verlag, Berlin 1983. (S. 46–47)

Wohlgemuth, Hildegard: *Umstandsbestimmung des Ortes* aus: Überall und neben dir. Gedichte für Kinder hrsg. von Hans-Joachim Gelberg, Beltz Verlag, Weinheim und Basel 1986. (S. 95)
Und das nicht nur zur Weihnachtszeit aus: Ein Stern ist aufgegangen. Geschichten zur Advents- und Weihnachtszeit, Arena Verlag, Würzburg 1989. (S. 145)

Zöller, Elisabeth: *Für gute Frühlingslaune* aus: Wenn die Frühlingssonne lacht hrsg. von Irmchen und Ludger Edelkötter, Union Verlag, Stuttgart 1992. (S. 146)

Zola, Émile: *Das Katzenparadies* aus: Die schönsten Tiergeschichten der Welt, Emil Vollmer Verlag, Wiesbaden 1958. (S. 84–87)

Unbekannte Verfasser/innen

Baum für Baum aus: Schulzeitschrift floh Nr.1 vom 10. Januar 2011, Domino Verlag Günter Brinek GmbH, München 2011. (S. 50)

Bordtagebuch der Wilhelm Kaisen aus: www.dgzrs.de/Seenotrettung/Einsätze/Seenotfall Anita, Deutsche Gesellschaft zur Rettung Schiffbrüchiger, Bremen 2011. (S. 73)

Der Hirsch am Teich aus: Mein großes Fabel- und Geschichtenbuch hrsg. von Lucy Kincaid, Pestalozzi-Verlag, Erlangen 1982. (S. 77)

Der Prerower Vormann Johann Niemann rettete über 70 Menschen aus Seenot aus: www.dgzrs.de/Seenotrettung/Retter im Portrait/Vormann Niemann, Deutsche Gesellschaft zur Rettung Schiffbrüchiger, Bremen 2011. (S. 71–72)

Der Weg des Weisen aus: Phantasie und Kreativität hrsg. von Rudolf Seitz, Don Bosco Verlag, München 1998. (S. 128)

Eulenspiegels eigenes Land aus: Josef Guggenmos' Hausbuch der Sagen und Schwänke, Verlag Carl Ueberreuter, Wien 1972. (S. 118–119)

Fliegen, nicht arbeiten! aus: GEOlino, Nr. 05/03, Gruner + Jahr AG & Co KG, Hamburg 2003. (S. 24)

Fundi aus Südafrika aus: Meine Schule. Kinder aus aller Welt erzählen. In Zusammenarbeit mit Unicef, Dorling

Kindersley, München 2008. (S. 90)

Interview mit dem Regisseur aus: www.movienerd.de/ specials/teufelskicker-interview-mit-regisseur-granz-henman/ hrsg. von Davis Rams, Wien 2011. (S. 63)

Interview mit Felix Finkbeiner aus: www.plant-for-the-planet. org (S. 51)

Jiyu aus China aus: Meine Schule. Kinder aus aller Welt erzählen. In Zusammenarbeit mit Unicef, Dorling Kindersley, München 2008. (S. 91)

Lukasi aus Kanada aus: Meine Schule. Kinder aus aller Welt erzählen. In Zusammenarbeit mit Unicef, Dorling Kindersley, München 2008. (S. 91)

Maria aus Peru aus: Meine Schule. Kinder aus aller Welt erzählen. In Zusammenarbeit mit Unicef, Dorling Kindersley, München 2008. (S. 90)

Marien-Grundschüler laufen für neue Ausstattung aus: Recklinghauser Zeitung vom 06.10.2010. (S. 42)

Wer waren die sieben Schwaben? aus: Das große Buch der schönsten Schwänke hrsg. von Barbara Bartos-Höppner, Arena Verlag, Würzburg 1979. (S. 121)

Originalbeiträge

Berg, Katharina: *Buchvorstellungen* (S. 100–101); *Bergsteigerin, Entdecker, Erdumseglerin, Tiefseetaucher* (S. 66–67)

Stiebritz, Claudia: *Der Deutsche Kinder und Jugendliteraturpreis* (S. 28); *Die Jurys* (S. 29); *Autorenporträt „Kate DiCamillo"* (S. 30); *Autorenporträt „Andreas Steinhöfel"* (S. 38); *Unterhaltungsmedien* (S. 55); *Teufelskicker – das Hörspiel* nacherzählt nach: Teufelskicker – das Hörspiel zum Film, Europa, Sony Music Entertainment 2010 (S. 58–59); *Teufelskicker – der Film* nacherzählt nach: Teufelskicker DVD, Fotos: © UFA Cinema 2009 (S. 60–62); *Merchandising* (S. 64)

Bildnachweis

S. 4: The Peace Offering, Wood, Charles Haigh (1856-1927)/© Bury Art Gallery and Museum, Lancashire, UK/The Bridgeman Art Library

S. 7: aus: Manfred Mai, Leonie ist verknallt © 2007 by Ravensburger Buchverlag Otto Maier GmbH, Ravensburg

S. 12: Cover: Rusch, Regina: Nicht mit Timo! Eine Geschichte über Gewalt in der Schule/Regina Rusch. Mit Vignetten von Iris Hardt. Omnibus München, 2007

S. 16: aus: „Keltenfürst von Hochdorf" – Katalog zur Ausstellung. Stuttgart, Kunstgebäude vom 14. August – 13. Oktober 1985 (o.l.), picture-alliance/akg-images/Werner Forman (m.r.), bpk (m.l.), akg-images (u.r.), ullsteinbild (u.l.)

S. 17: akg-images (o.l.), ullsteinbild – NMSI/Science Museum (o.r.), SSPL/Science Museum (m.r.), ullsteinbild – united archives (u.r.)

S: 22: aus: Aino Havukainen, Sami Toivonen „Tatu & Patu und ihre verrückten Maschinen" © der deutschsprachigen Ausgabe 2010 by Thienemann Verlag (Thienemann Verlag GmbH), Stuttgart/Wien. www.thienemann.de

S. 23: picture-alliance/dpa

S. 24: Jochen Tack

S. 25: Sandra Krosa, Hagen

S. 27: Cover: Victor Caspak, Yves Lanois, Die Kurzhosengang. Deutsch von Andreas Steinhöfel, Bilder von Ole Könnecke. Carlsen Verlag Hamburg 2006

S. 28: Arbeitskreis für Jugendliteratur e.V./Motiv: Stian Hole (o.r.), Arbeitskreis für Jugendliteratur e.V (u.l.), Cover: Michael Ende, Momo, Thienemann Verlag Stuttgart, 2005 (u.r.)

S. 29: Cover: Emile Bravo, Jean Regnaud, Meine Mutter, ÉditionsGallimard-Jeunesse, Paris, 2007 (1), Nadia Budde, Such dir was aus, aber beeil dich, S. Fischer Verlag Frankfurt, 2010 (2), Stian Hole,Garmans Sommer (3), Christian Nürnberger, Mutige Menschen. Widerstand im Dritten Reich © 2009 by Gabriel Verlag (Thienemann Verlag GmbH), Stuttgart/Wien www.gabriel-verlag.de (4)

S. 30: Picture-Alliance/Photoshot (o.), Cover: Kate DiCamillo, Despereaux – Von einem, der auszog, das Fürchten zu verlernen © Cecilie Dressler Verlag, Hamburg (m.l.), Kate DiCamillo, Der Elefant des Magiers, Deutscher Taschenbuch Verlag München, 2010

S. 31: Cover: Kate DiCamillo und Sabine Ludwig, Winn-Dixie, Deutscher Taschenbuch Verlag München, 2003

Inhaltsverzeichnis

Streithähne und Friedenstauben

Drahtesel und Benzinkutsche

Lesemops und Bücherwurm

Wohltäter und Umweltsünder

Medienrummel und Werbetrommel

Abenteuerlust und Heldentat

Weise Tiere und belehrte Menschen

Tafelschwamm und Griffelkasten

Hexenmeister und Hobbits

Schlitzohren und Sonderlinge

Tagträumer und Lebensfragen

Schneemänner und Sandburgen

Die Lesebuch-Reise mit Tipps und Tricks

Anhang

Karibu Lesebuch 4

erarbeitet von
Katharina Berg, Gerburg Kirsch, Heike Oberstadt,
Claudia Stiebritz, Monika Wilhelmi-Zäh

illustriert von
Rebecca Abe, Svenja Doering, Kordula Röckenhaus,
Anke Schäfer (achdiezwei), Susanne Schulte

© 2011 Bildungshaus Schulbuchverlage
Westermann Schroedel Diesterweg Schöningh Winklers GmbH, Braunschweig
www.westermann.de

Druck A² / Jahr 2012
Alle Drucke der Serie A sind im Unterricht parallel verwendbar.

Redaktion: Corinna Hilger
Typografie, Layout und Umschlaggestaltung: Nijole Küstner
Satz und technische Umsetzung: Druck- und Medienhaus Sigert GmbH, Braunschweig
Druck und Bindung: westermann druck GmbH, Braunschweig

ISBN 978-3-14-**120914**-3